陈范评传

王敏／著

作为晚清至民国初年间的人物，陈范的一生与近代中国的政治、经济、社会和文化的变迁紧密相关。由一名清朝的落职官员变为私营报馆的馆主，由闭塞的江西铅山县来到口岸都市上海，与当时中国思想最激进的新式知识群体发生关联，成为「苏报案」当中的一个关键人物。「苏报案」后，陈范逃亡海外，晚年回沪，加入南社。陈范虽然不如章太炎、邹容、章士钊、蔡元培等人那样赫赫有名，也未像他们那样留下许多可资后人研究的思想遗产，但是其人生轨迹和心路历程却可以折射出，在大变动时代，一个曾经被卷入时代风口浪尖的近代人物的思想结构和精神世界。

上海古籍出版社

图书在版编目(CIP)数据

陈范评传 / 王敏著. —上海：上海古籍出版社，
2021.12
ISBN 978-7-5732-0242-0

Ⅰ.①陈… Ⅱ.①王… Ⅲ.①陈范-评传 Ⅳ.
①K825.42

中国版本图书馆 CIP 数据核字(2022)第 009917 号

陈范评传

王 敏 著

上海古籍出版社出版发行

(上海市闵行区号景路 159 弄 1-5 号 A 座 5F　邮政编码 201101)

(1) 网址：www.guji.com.cn

(2) E-mail: guji1@guji.com.cn

(3) 易文网网址：www.ewen.co

常熟市文化印刷有限公司印刷

开本 635×965　1/16　印张 13　插页 7　字数 181,000
2021 年 12 月第 1 版　2021 年 12 月第 1 次印刷
ISBN 978-7-5732-0242-0

K·3136　定价：58.00 元

如有质量问题，请与承印公司联系

常州市《陈范评传》编委会

项目资助

本书为国家社会科学基金重点项目"苏报案前的《苏报》辑佚与研究"（项目编号：19AZS008）和国家社会科学基金重大项目"中国近代县报搜集、整理与研究"（项目编号：21&ZD228）的阶段性成果。

陈范小像

二十年前陳叔柔之家庭

右坐者
叔柔左
倚闌干
者莊芙
笙侍立
爲其長
女擷芬
攝影處
江西鉛
山縣署
花廳後
室

任职江西铅山县时期的陈范及其家庭（陈范、陈撷芬、庄芙生）

晚年陈范及其家庭（陈范、陈撷芬、儿媳钟氏与幼孙）

間錢莊現雖甚好尚不能長保絕無驚駭
故申漢函滾頗為懊惱之至已此于爾不敢遽
反于爾敢未更相必大無四滾為須聽雲
另行設法活也云

姊以為何如菊花盛時
園中尚有一番佳色但我單視之總
覺觸目增感耳云

姊日來詩意何以秋高氣爽不詠不足
以紓胸臆如有
新樣

示我一二為盼專請
大安

其四兩玄
弟書範敬上

顏帖主事是好媛云名於世平生
小節不甘拘檢而取興云間最為分明
此云

公視大人書札寄下為盼

姊反汝灌所素知雲煙陣日枉黃噎吸
耳可發、又及

陈范手迹之一（常州张骏先生提供）

大姊大人尊前昨寄一緘并籃一只想即日可

馨入矢頃浮廿四日

手告就穩一切吾不成書只寄

姊原散主祭未覺不達要知天下無此我

好而别十年後書須與主長别況我言外著

更可不論矣請昧新言詩是探否為寒

熱已念常妹姪輩均占無恙阿笑病勢頻劇

近聿已减也

勿念為荏昨閱

致二姊函知姊丈名無家言殊代焦慮曰來

已浮姪有平安一紙乞

告知是盼小妹言款承

示即曰起湩卅頃依為見存

姊豪極妥因小妹見云

姊前致言書有雜於安放主敷故就角

商量辭為覔放事與人合股主錢

庄現亦可以存放故即

致函相告乏實此

陈范手迹之二（常州张骏先生提供）

目 录

引　言

　　1903 年,上海发生了一桩震动中外、牵动朝野的政治案件——苏报案,这个案件的主角除了人们熟知的反清革命宣传家章太炎和邹容之外,还有一个十分重要的人物,即本书的传主陈范。

　　陈范祖籍湖南衡山,1860 年 2 月出生在一个颇为显赫的官宦世家。父亲陈钟英历任浙江鄞县、安吉等地知县二十余年,长兄陈鼎为翰林院编修。与父兄辈一样,陈范早年参加科举考试并中举,后捐官为江西铅山县知县。任职不满六年,于 1896 年初被朝廷罢免,后回家乡常州闲居。在闲居了两年多之后,1898 年 10 月,陈范前往上海,接办了一份民营小报——《苏报》,陈范的身份和人生轨迹由此发生了巨大的转折。

　　陈范接办后的《苏报》对政治表现出相当高的关注度。随着1902 年前后革命思潮的兴起以及爱国学社的成立,《苏报》与时俱进,开设"学界风潮"等栏目,并登载反清言论以及章太炎为邹容《革命军》所作序,引发"苏报案"。章太炎、邹容等被上海租界当局逮捕,陈范侥幸逃脱,后逃亡日本。在日期间陈范曾拜访过孙中山。1904 年底 1905 年初,陈范前往香港,协助革命党孙少白办《中国日报》。1905 年春,陈范由香港回上海,被端方的密探获知,以琐事向上海租界会审公廨控告陈范,陈范因此被捕,在狱中关押一年有余。

出狱后陈范前往浙江温州一带躲避。1907年秋冬之际,陈范前往湖南,投奔时任醴陵县知县的汪文溥,在湖南居留了一段时间,并参与湖南革命党的革命活动。民国初年,陈范返回上海。1913年5月,陈范在上海沪西居所病逝,时年54岁。1937年,作为民国革命英烈,陈范受到南京国民政府的表彰。

但是与陈范的历史地位不相匹配的是,关于他的生平事迹,人们所知甚少。推测其原因,一是民国以来关于陈范的历史记述较少,如最早记述陈范生平事迹是冯自由著《革命逸史·初集》,该书出版于民国时期,书中的《陈梦坡事略》即为陈范的小传。《陈梦坡事略》全文仅千余字,主要概述陈范一生的经历,其中关于苏报案和陈范在湖南时期参与革命党活动情况的记述较多,其他部分则相当简略。《陈梦坡事略》被广泛征引,是此后关于陈范和与陈范相关的其他研究以及各种历史记述最主要的底本。《陈梦坡事略》之外,吴稚晖在抗战后期和章士钊在1950年代关于苏报案的回忆当中,对陈范亦有所提及,但均为吉光片羽,难以反映陈范生平的全貌。对于陈范生平所知甚少的另一个原因应是关于陈范的研究不充分。虽然自20世纪80年代以来,学界已开始对陈范进行专题的学术研究,但是这些研究主要集中在苏报案时期的陈范,对苏报案前后,包括早年在铅山县任知县时期和逃亡日本之后以及居留湖南时期的情况,均未曾做过深入、全面研究。陈范研究不足,资料发掘不充分是重要原因。笔者十几年前着手苏报案研究时,曾尽力搜集陈范的研究资料,遗憾的是,除了在上海图书馆古籍部发现《陈蜕盦先生文集》(1914年刊印本)之外,新资料寥寥无几。

然而令人欣喜的是,随着近年来海内外档案、报刊等各类文献资料的数据化并向社会开放,研究者获取研究资料越来越方便,笔者通过各种数据库又收集到了一批有关陈范的新资料:一是通过"亚洲历史资料中心"数据库获得的有关陈范逃亡日本期间行踪的档案;二是上海图书馆近代文献部藏《蜕翁诗词刊存》(1914年9月刊印本)和《蜕翁诗词文续存》(1915年5月刊印本)。此外,通过中国国家图书馆"中国近代报纸"数据库等,又检索到一些陈范发表的诗、词、小说和柳亚子等与其相互唱和的诗词。就数量和种类而论,这些新史料已远超过原有的史料,对于陈范以及苏报案的研究,有十分重要的价值。

陈范生活的时代,正值中国发生大变动之时,这对陈范和他家族的不少成员的命运都发生不同程度的影响。如其兄翰林院庶吉士陈鼎因戊戌变法时期笺注冯桂芬《校邠庐抗议》而获罪;陈范自己则因苏报案成为辛亥革命史上的著名人物;陈范的长女陈撷芬、侄女陈衡哲也是中国近代史上的著名女性,前者是近代中国最早的女报人、中国女权主义的先驱,后者是近代中国最早的官派女留学生、作家、诗人和女教授。陈范与中国近代史上许多非常重要的人物,如孙中山、蔡元培、吴稚晖、章士钊等,均有交集。因此,可以说陈范是生活在近代中国社会大变动时代的典型人物,对其一生进行全面、深入的研究,具有重要的价值。本书将在学界已有研究的基础上,充分利用新发现的资料,从家族家世、人生经历以及文学成就等方面,力图比较全面、立体地揭示陈范的不同寻常的人生轨迹和心路历程。

第一章 家世·家乡·青少年时代

一、家世与家乡

　　陈范祖上原居湖南茶陵。据传,陈氏远祖为汉代丞相陈平,原居北方,自后周世宗显德年间(954—959)迁居湖南茶陵。历十二世之后,于南宋绍定元年(1228),陈福(字添亮)由茶陵迁移至衡山(今衡东县霞流镇平田村),[1]遂世居于此。按辈分论,从陈范上溯,陈福为其二十二世祖。自陈福起,经十五世传至陈范七世祖陈明(字建宇)。陈明时,分家析居丰塘乡。又据陈氏族谱,陈范的五世祖文贡(字九来),安贫乐道,虽然没有科举功名,但是好讲求性理之学,在学者中颇获好评。陈范四世祖世宪(字之翰)时,家境比较困窘,靠教授幼童为生,于饥馑年代流寓四川。陈范曾祖父叙硕(字南湖),好读书击剑,亦有谋略,于嘉庆年间入名将额勒登保(1748—1805)幕,掌理文牍,参与平乱,议功得授县丞,后经四川总督蒋攸铦(1766—1830)特保,授四川江津(今属重庆市)知县,后来又历任四川合江、云阳知县。可以说自陈叙硕开始,陈氏家族进入仕途,开始显达。在江津知县任上,陈叙硕颇重视当地教育事业,曾在县东城内修建考棚,作为文童

---

〔1〕 甘建华:《江山多少人杰》,中国文联出版社2011年版,第120—121页。

应试之地。[1]因相关资料比较缺乏,关于陈范先祖的情况,目前所知甚少,但是自陈范祖父陈伟之后陈氏家族的情况,因有陈范父亲陈钟英年谱存世,已有比较多可靠的记载。

陈范的祖父陈伟(?—1865),字恋人。精于《周髀》奇门之术。道光十四年(1834),曾参加顺天乡试,未考中。后以誊录议叙,于道光二十七年(1847),陈伟选任江苏金山县(今属上海市)知县。这是陈范祖上与江南地区发生关联的开始。陈伟在金山任职并不太久,因忤上级大吏而落职,后以军功复官,加道员衔。陈伟晚年绝意仕途,归居衡山。陈伟生二子,长子君山,次子钟英。陈钟英即陈范父亲。

陈钟英(1825—1881),原名纶,参加乡试时改名钟英,字槐亭,后改怀庭。1825年1月6日(道光四年十二月二十四日)出生于四川省江津县,并且在四川度过青少年时代。1847年,钟英父陈伟选任江苏金山知县时,钟英随父迁居金山。1848年夏,钟英娶赵氏(即陈范母亲)为妻。赵氏娘家为常州大族,赵氏的父亲赵仁基(1789—1841),为道光六年丙戌恩科进士,历任江西宜春、崇仁,安徽泾县等地知县,滁州知州,平阳知府,江西南赣兵备道,湖北按察使等职。赵氏两个弟弟日后也都有名于世,一为赵熙文,曾任候补直隶州知州;二为赵烈文,曾任直隶州知州。赵烈文还是曾国藩的著名幕僚之一。

陈钟英与赵氏生育三子、五女,陈范为钟英夫妇的第二个儿子。

道光二十九年(1849),陈钟英赴京参加顺天乡试,考中第六十四名举人。同年,父亲陈伟因官场倾轧而丢官,于是举家迁居苏州,钟英亦随迁苏州。1851年,陈钟英在苏州帮助书院批阅课艺,略得束脩以补贴家用。1852年,陈钟英入京参加会试落榜,后与妻赵氏迁居常州。

1853年,陈钟英以知县拣发[2]浙江,不久被委任铸钱局差兼发

---

〔1〕 重庆市教育委员会编:《重庆教育志》,重庆出版社2002年版,第847页。
〔2〕 拣发,清代官制用语,指从候选人员中挑选分发任用。

审。此后,陈钟英主要在浙江任职,长达二十多年,历任鄞县、安吉、乌程、兰溪县知县,历署富阳、嘉善、黄岩县事,补用同知。曾在湖州协助办理团练。陈钟英还充任过 1873 年(癸酉科)浙江乡试同考官。在陈钟英主持的这次乡试当中,被选拔者多为有实学之士。1858 年至 1864 年,太平军曾多次进攻浙江,陈钟英因疏于防守被问责。清军收复失地后,又恢复官职。在这段时间,陈钟英的家庭居所变动较大,先后在江苏的金山、苏州、常州和浙江的杭州、富阳、安吉、乌程、嘉善、湖州、衢州、兰溪等地安家,还曾经因避难短暂居住过上海,陈钟英夫妇的子女们便出生在杭州、湖州等不同地方。长子陈鼎、三子陈韬均生于杭州,次子陈范生于安吉,女儿有的生于安吉,有的生于常州。但陈钟英夫妇在常州居住的时间最长。1881 年 1 月 15 日(光绪六年十二月十四日),陈钟英在浙江鄞县病逝,享年 56 岁。

陈钟英在当时颇有文名,与湖南名士王闿运常有诗词唱和,王闿运称其"藻思逸才,冠绝流辈"。[1] 著有《大学古本释》一卷、《平浙纪略》十六卷、《知非斋经义》一卷、《知非斋诗初集》一卷、《知非斋诗续集》十卷、《百尺楼词》一卷、《知非斋骈文》二卷、《散文》二卷等,还曾主持纂修《黄岩县志》。[2]

陈范母亲赵氏出身于书香门第。其时,普通妇女多不识字,很少有机会接受教育,但赵家较为开明,家中女孩自幼亦可以读书。赵氏不但识字,而且通诗文书画,著有《听蕉雨轩诗词稿》。1896 年至 1898 年陈范被罢官后在常州闲居时,曾搜集整理赵氏遗墨,加以装裱后写有志语:

> 先淑人所遗诗稿,不幸散失,未及付梓,深以为恨。尚有日记十余册,现存伯兄处。数年来到处搜取书画,冀存先泽,而渺不可得。亲党间有藏者,亦不肯相畀。箧笥所珍,不过账目函札,又皆残败,无可装整。今岁罢官闲居,谨加检择,仅得道光己酉年所临钟太傅帖二十九纸。时随外家住宜兴,先淑人方二十

〔1〕 王闿运:《湘绮楼诗文集》,岳麓书社 1996 年版,第 281—282 页。
〔2〕 陈鼎等:《怀庭府君(陈钟英)年状》,熊治祁编《湖南人物年谱》4,湖南人民出版社 2013 年版,第 366 页。

岁,阅时四十年。而纸张完好,墨色如新,岂非慈灵呵护,俾示来许耶? 亟加装裱,并志数语。岁在强围作噩十二月初旬五日。男范谨识。[1]

陈范的姊妹以及陈范的女儿自幼都接受教育,与此开明的家风有密切关系。

陈范兄弟共三人。长兄陈鼎,幼弟陈韬,均为中国近代史上有名的人物。

陈鼎(1854—1904),字刚侯,号伯商。生于杭州。光绪二年(1876)中举,光绪六年(1880)中进士,为翰林院编修。妻李氏,江苏武进(今常州)人,为清代常州名人、翰林院庶吉士李兆洛的曾孙女。

陈鼎虽然科场顺利,但仕途并不畅达。自1880年被选为翰林院庶吉士、担任编修以后,陈鼎一直在京城为官。

翰林院自唐朝始设,以后历代沿置。清代的翰林院设掌院学士为长官,满、汉各一员,由大学士、尚书等重臣兼领。翰林院下设侍读学士、侍讲学士、侍读、侍讲、修撰、编修、检讨等职。下属机构有庶常馆、起居注馆、国史馆等。清代翰林院掌理修史、撰文,凡撰祝文、册文、宝文、祭文、碑文,纂修实录、圣训、本纪、玉牒等,或直接承办,或派员参与。南书房侍直、上书房教习、进士朝考、乡试、会试诸事,翰林院也参与。翰林院实际上是朝廷高级官员的储备机构,翰林皆出身于进士中年纪较轻、品次较高者,职务闲散,礼遇甚优,升迁较快。陈鼎在任职翰林院期间,时常生病,也不善于交际,只喜欢闭门读书,思考问题。据陈鼎的学生吴士鉴记述:"士鉴既至京师,见吾师门无杂宾,长吟独啸,经月不衣冠,不与会,举世繁缛之习摒除殆尽。抵掌痛谈时事,意所不可,则反复辩论,类数千言,往往声振屋瓦,旁若无人。"[2]陈鼎在京多年,并没有被委以重任,也没有多少突出的政

<hr/>

[1] 陈范:《先淑人遗墨谨识》,王敏编校《陈范集》,上海古籍出版社2021年版,第141页。
[2] 参见吴士鉴:《〈勤曜室诗存〉序》,薛冰著《古稀集》,海豚出版社2017年版,第204页。

绩,但是他做过两件使其青史留名的事情。

一是在主持浙江恩科考试时,选拔蔡元培等人。光绪十五年(1889),光绪皇帝大婚,照例开设恩科,陈鼎被选派为浙江乡试副考官,正考官为李文田。这次乡试,录取了蔡元培、张元济、汪康年、吴士鉴、徐珂、汪大燮、徐维则、童学琦、胡道南等137名举人,其中日后成为名人学士者颇多。陈鼎因此成了这些中试举人的座师,日后陈范来上海时,与当时也在上海的蔡元培、张元济等人都有比较多的交往,与陈鼎是其座师有很大关系。

二是签注《校邠庐抗议》。《校邠庐抗议》是晚清著名思想家冯桂芬(1809—1874)的名著,主张学习西方,变更陈法,推动社会进步。此书在洋务运动时期很受推崇。但这部书于冯桂芬在世时并未正式出版,而是在其去世以后,于光绪九年(1883)由天津广仁堂正式刻行,其后在 1884 年、1892 年、1897 年相继又有新的版本面世。1898 年维新运动高潮期间,经翁同龢与孙家鼐的鼎力推荐,光绪皇帝下令将《校邠庐抗议》印刷一千部,发给在京官员签注意见,或加以评论。结果有 372 名官员参与签注意见,这 372 名参与签注官员当中就包括陈鼎。

签注《校邠庐抗议》在当时是一件大事,光绪皇帝此举在于藉批注《校邠庐抗议》推动变法:一是通过阅读《校邠庐抗议》,择其中可行者行之;二是广泛听取意见,收广开言路之效;三是借机考察官员识见。参与签注官员对于《校邠庐抗议》所述的变法思想与所提变法主张,有的赞成,有的反对,有的赞成与反对并存。其时京官中,守旧和观望者占多数,因此多数官员的签注只有此条可行或不可行等寥寥数字,但是陈鼎在签注中却直抒胸臆,陈述改革方略。他不但对《校邠庐抗议》认真思考,还联系实际,撰写了一部《校邠庐抗议别论》。该书凡四卷,共四十八篇,内容包括采西学、制洋器、善驭夷、重专对、公黜陟、汰冗员、免回避、厚养廉、许自陈、复乡职等,涵盖政治、军事、经济、文化以及宗教信仰、风俗习惯等方面,对《校邠庐抗议》一书提出的所有问题,都详加讨论,篇幅远超过《校邠庐抗议》原文。在《校邠庐抗议别论》序言中,陈鼎对《校邠庐抗议》有一个总的评价,认为冯氏所议,虽然有许多并不可行,但是也有十之四五是可行的,"诚百世不刊之论,发聋振聩之说"。〔1〕陈鼎认为自强的当务之急有四:一是变服装,中国人改穿西服;二是合宗教,融合儒教和基督教,弥合双方冲突;三是通语言文字,中国读书人学习西方语言文字;四是通婚姻,中国人与外国人通婚,"行之自大臣始"。这几项堪称是当时最为激进的学习西方主张。

陈鼎将《校邠庐抗议别论》上呈朝廷。光绪皇帝阅后,发出两道上谕,先是要军机大臣会同总理衙门王大臣悉心阅看其书,看看"其中有无可采之处",妥议具奏,〔2〕然后又要求传知陈鼎,再呈送一部到军机处,以备呈览。〔3〕

陈鼎对《校邠庐抗议》的签注极其用心,仔细阅读,并且提出许多建议,但是万万没有想到的是灾难亦尾随而至,这就是戊戌政变也牵连到他。1900年2月(光绪二十六年正月),戊戌政变一年多以后,因翰林院侍讲学士陈秉和弹劾,朝廷下旨严惩陈鼎,称"编修陈鼎,性情乖谬,心术不端,所注《校邠庐抗议》,多主逆说"。〔4〕令其永远监禁在

陈鼎《幼曜室诗存》首页。(图片来源:吴士鉴:《〈黝曜室诗存〉序》,薛冰著《古稀集》,海豚出版社2017年版,第206页。)

---

〔1〕 陈鼎:《校邠庐抗议别论》,序言,木刻本,第3—4页。
〔2〕 《上谕》第152条,中国史学会主编《戊戌变法》第二册,上海人民出版社1957年版,第62页。
〔3〕 《上谕》第153条,《戊戌变法》第二册,第62页。
〔4〕 叶昌炽:《缘督庐日记抄》,庚子年,第20页。

省,不许与地方人往来交接。[1] 此后,陈鼎离京回常州。光绪二十九年(1903),先前受变法牵连的人获得大赦,陈鼎也随之获释。但是,此时的陈鼎已是暮年,身体极度衰弱,第二年即病逝,[2]年仅50岁。陈鼎生前著有《黝曜室诗存》,1928年由其学生吴士鉴编录,商务印书馆出版。

陈韬之妻庄曜孚

陈韬(1869—1937),生于杭州,字季略,号玉螭,国学生。先后在成都入成绵道沈秉堃幕,继入四川总督锡良、赵尔丰幕,后又任乐至、郫县、奉节等县知县。数年后复返成都,供职于财政公所。1912年由成都至江苏常熟,第二年任六合县税官,不久至苏州居住。1917年起寓居北京。[3] 1937年病逝。陈韬精于书画鉴赏,其妻庄曜孚为中国近代有名的女书画家。

庄曜孚(1870—1938),字茝史,号六梅室主人。生于常州名门望族庄家,为福建补用知府、霞浦县知县庄士敏孙女。幼年习画于袁毓卿女史,工花鸟,得常州大画家恽寿平(南田)画派嫡传,与吴昌硕、齐白石齐名,以没骨花卉见长。不用勾勒,直接以彩墨点染,画面明丽淡雅,极富生香活色之趣。所作扇面被北京荣宝斋订购,并曾赴日本和法国参展。陈韬常于庄曜孚所作画端题诗书跋,于是诗书画三者相映成辉,人们争相求之。随陈韬入蜀时,庄曜孚在当地兴办女子师范学堂,亲自讲课,开四川妇女解

〔1〕 见孔祥吉:《晚清知识分子的悲剧——从陈鼎和他的〈校邠庐抗议别论〉说起》,《历史研究》,1996年第6期。
〔2〕 本节关于陈鼎生平资料,见孔祥吉《晚清知识分子的悲剧——从陈鼎和他的〈校邠庐抗议别论〉谈起》,《历史研究》,1996年第6期。
〔3〕 涂宗涛:《苹楼夕照集》,三晋出版社2010年版,第205页。

庄曜孚画作
（常州张骏先生提供）

放运动风气之先。〔1〕抗战爆发后，率子女避难至四川。1938 年在四川病逝。

陈韬夫妇共育有六女二男，后来多有不俗的成就，其中最为著名的是女儿陈衡哲。

陈衡哲（1890—1976），是陈韬夫妇的第二个女儿。曾在张竹君创办的女子中西医学堂读书，1914 年考取清华大学招收的赴美留学生，这是清华大学首次招考女留学生，并于当年赴美留学。先后在美国沙瓦女子大学、芝加哥大学学习西洋史、西洋文学，分获学士、硕士学位。在美期间，与胡适等人多有交往。1917 年，她在美国用白话文创作了第一篇小说《一日》，又以"莎菲"为笔名，创作了白话诗《小雨点》，呼应胡适等人提倡的白话文运动。同年回国，与同为留美学生的任鸿隽结婚，在北京大学史学系任教授，讲授西洋史、英语等课程。后在国立东南大学、北京大学、国立北京女子师范大学、国立四川大学任教。抗战期间，在武汉、香港、昆明、重庆等地任教和

陈衡哲与任鸿隽
（图片来自网络）

---

〔1〕 庄循义：《庄曜孚女史小传》，中国人民政治协商会议江苏省常州市文史资料研究委员会编《常州文史资料》第 5 辑，1984 年。

创作。1949 年后,当选上海市政协委员。1976 年在上海去世。

陈范还有五个姊妹:

大姐陈德懿(1849—?),生于常州,嫁给赵烈文之子赵实(1850—?)。[1] 据陈衡哲描述,大姑母陈德懿"是一个非凡的女性。她身体健壮,精神饱满,整天忙家务之后,晚上还读书到清晨三点,六时起床服侍公婆。她是一位好书法家,一个主持大家庭极有效率的主妇,做一手好菜,熟悉中国诗词、历史和传统医药。但由于丈夫和儿子们都吸鸦片,家庭生活不愉快。她钟爱侄女陈衡哲。1914 年春,她在一个朋友的家馆里为陈衡哲找到一份教学工作"。[2] 在她的支持之下,陈衡哲报考当时的留美预备学校清华学校,并被录取。

二姐(名号不详,1851—?),生于苏州,嫁张肇纶(浙江候补通判,原任湖南华容县知县张嗣璜之次子,亦为常州人),生平事迹不详。

三姐(名号不详,1852—?),生于常州,许配周国涂(选修主事周腾虎次子,常州人)。国涂于 1867 年去世,陈氏誓不改嫁,过门守贞,受到朝廷旌表。

四姐(名号不详,1859—?),生于浙江安吉,嫁沈秉衡(浙江候选知县,浙江候补知县沈懋嘉次子,常州人),光绪乙亥恩科举人,生平事迹不详。

六妹德晖(1866—?),生于常州,擅绘画,嫁汪文溥(候补同知汪镇次子,常州人)。日后对陈范照应较多。陈范 1913 年春在上海去世时,仅德晖等几位亲人在侧。

此外,陈范有三个哥哥和一个妹妹早殇。三个早殇的哥哥分别是:佛龄,1855 年生于浙江富阳,1856 年去世;佛印,1856 年生于富阳,数日即殇;宝书,1857 年生于杭州,1861 年殇于衢州;五妹,1861 年生于衢州,数日即殇。[3]

---

〔1〕 江庆柏著《近代江苏藏书研究》,安徽文艺出版社 2000 年版,第 82 页。

〔2〕 陈衡哲撰、陈鹓译:《陈衡哲传略》,中国人民政治协商会议上海市委员会文史资料委员会《上海文史资料选辑》第 69 辑,1992 年,第 79 页。

〔3〕 陈范三个早殇的哥哥中,前两个在世时间都极短,陈范并未见过他们。宝书是到 4 岁才去世的,陈范曾与他并世。陈范初字叔柔,"叔"在兄弟排行中通常为第三,当系以陈鼎为伯,以宝书为仲。顺此次序,陈韬为季,故字季略。

二、青少年时代

陈范(1860—1913)本名鼏,后改名彝范,再改名范。[1] 初字泽之。[2] 陈范的名号颇多,曾号叔畴,或作叔柔、叔筹、锡畴,亦号梦坡。晚年改名蜕,别署蜕安、蜕存、蜕翁、蜕盦、退安、退翁、退僧、梦逋、息庵、忆云、瑶天、瑶天老蜕等。

据《怀庭府君(陈钟英)年状》,1860 年 2 月 6 日(咸丰十年正月十五日),陈范出生于浙江省安吉县。[3] 其时,陈范父亲陈钟英任安吉知县,陈范母亲赵氏、哥哥陈鼎以及诸姊妹等均随寓安吉。

安吉为浙江省湖州府下辖县,位于浙江省西北部,北交长兴,南接临安,东邻德清,西面则是安徽省的广德、宁国二县。陈钟英于 1858 年 6 月(咸丰八年五月),由补用同知授安吉知县。这是他第一次实授知县,任职尽心尽责。其时,太平军已经占领南京,不时进军皖南、浙江一带。安吉地处浙皖交界处,天目山脉自西南入境,分东西两支环抱县境两侧,呈三面环山、中间凹陷、东北开口的畚箕形盆地地形,地势西南高、东北低,在军事上属于自己无险可守、安全方面要依赖他处的被动位置。为地方安全计,陈钟英要不时地向其上峰或邻近地区建言军事防守问题,但均未引起重视。1860 年,即陈范出生的那年,太平军将领忠王李秀成、侍王李世贤率军进攻皖南、浙

---

〔1〕 陈范改名时间、原因不详。在陈鼎等人为其父亲所撰《皇清诰授奉政大夫、晋封通议大夫、浙江补用同知、鄞县知县怀庭府君年状》(简称《怀庭府君(陈钟英)年状》)中,三兄弟的名字分别署为"陈鼎、陈鼏、陈韬"。原件为光绪年间木活字本。陈钟英在 1880 年(光绪六年)去世,此时陈范的名字还是陈鼏。但是陈范在 1889 年参加顺天乡试所填履历,已是"陈彝范"(见《光绪十五年己丑恩科顺天乡试朱卷》陈彝范卷)。1890 年(光绪十六年)向朝廷所呈递的官员履历中,署名亦为"陈彝范",内称:"臣陈彝范,湖南衡山县举人,年三十岁,海防例捐知县,分缺先选用,光绪十六年三月分籖掣江西广信府铅山知县缺"。见秦国经主编,唐益年、叶秀云副主编《中国第一历史档案馆藏清代官员履历档案全编》28,华东师范大学出版社 1997 年版,第 28 页。

〔2〕 陈范字"泽之",仅见于他参加光绪十五年顺天乡试时所填履历,见《光绪十五年己丑恩科顺天乡试朱卷》陈彝范卷。

〔3〕 关于陈范出生时间与地点,陈鼎称谓:咸丰十年,"时不孝鼎方七岁,不孝鼏以正月生县署",见陈鼎等撰《怀庭府君(陈钟英)年状》,第 349 页。不过,年状没有说到陈范出生具体日期。《光绪十五年己丑恩科顺天乡试朱卷》陈彝范卷,则写明"咸丰庚申年正月十五日吉时生"。

江,先克泾县,再下广德,随后兵指安吉、湖州。陈钟英虽全力抵抗,或办团练,或筹款项,但因无兵可用,难挽败局。安吉一度被太平军攻克,陈钟英因此被撤职。后因帮助清军收复湖州,朝廷又恢复其职务。在此战乱频仍之时,陈范母亲被迫拖家带口,东奔西逃,所避居之处先后有安吉县梅溪镇、湖州、上海、衢州、江山、南昌、长沙、德清等地。这种颠沛流离的生活,直到1864年太平军被完全镇压下去才告结束。[1]

1866年6月(同治五年五月),陈范母亲偕陈范祖母及陈范兄弟姊妹等始定居常州。常州古称延陵、毗陵,隋代始有常州之名,意为"常稔之州"。常州在不同时期所辖范围有所不同,行政等级不同,有时为县,有时为府。清代常州为府名,领武进、阳湖等县。陈范及其舅家有时自称毗陵人、阳湖人,均属广义的常州人。常州北枕长江,南揽太湖,东望上海、苏州,西瞰南京,与无锡、镇江为近邻,向以物产丰饶、人文荟萃著称于世。唐宋时期常州文化就在全国享有盛誉,到了明清,常州更是文化昌盛,名人辈出,学派蜂起。陈范家族自其祖父陈伟时起,开始与江南发生联系。前文已述及陈范祖父于道光二十七年(1847)选任江苏金山县(今属上海市)知县,后又在苏州、上海居住过,而陈范父亲陈钟英曾经在浙江为官20余年。陈氏家族长期在江南地区生活,适应了江南风俗,陈范祖父陈伟时,就有居家迁往常州的打算,[2]后因陈伟去世,未能付诸实施。陈范父亲陈钟英时,又因联姻关系,陈氏家族同常州世家大族的关系更为紧密了。陈范母亲赵氏的娘家即赵烈文家族,为常州望族。赵烈文五世祖赵凤诏是康熙年间的进士,赵凤诏之兄赵熊诏(1663—1721)是康熙四十八年(1709)状元,赵烈文祖父是乾隆年间的举人,赵烈文父亲是道光年间进士。陈范长兄陈鼎之妻李氏也是常州名门望族,李氏的祖父李兆洛(1769—1841)是嘉庆年间进士、翰林院庶吉士,也是著名的地

---

[1] 陈鼎等:《怀庭府君(陈钟英)年状》,熊治祁编《湖南人物年谱》4,第348—354页。

[2] 同治五年,"王母因王父前尝欲于常州择居,遂率吾母及不孝等徙居常州"。见陈鼎等撰《怀庭府君(陈钟英)年状》,第355页。

理学家、藏书家，主讲江阴书院二十余年，桃李满天下。陈范的弟弟陈韬之妻庄曜孚的娘家庄家亦为常州望族，其先辈也有多人在明清两代中进士、中举人，做过知县、主事等官职，庄曜孚之兄庄蕴宽（1867—1932）在晚清曾历任知县、知府、道台等职，辛亥革命后又历任署江苏都督府都督、审计院院长等职。

出生在这样一个官宦世家，陈范自然也同祖父、父亲和其他兄弟姊妹一样，自幼即开始接受良好的教育。父亲专门聘请塾师来家中教育子女们。据陈范回忆，所受教的塾师，先后有段德（字季良）、薛临正（字以庄，拔贡生）、汪国俊（字士良，县学生）、孙方训（字祉厚，县学生）、赵企翊（字莼安，县学生）、章椿伯（举人）。[1] 这些塾师的生平及师生教学具体情况，均不详。

三、参加科举考试

陈范 15 岁（光绪元年）那年，奉命到父亲的官署，父亲亲自教育他，"府君口授指画，昕夕不辍"，陈范由此对于文辞"理解稍清"。[2] 此后，他开始学做八股文，为参加科举做准备。

清代科举考试分为四级，即童试、乡试、省试与殿试；童试也称童生试，由各省学政主持，包括县试、府试与院试，合格者取得生员（秀才）资格；乡试，又称乡闱，即省级考试，在各省省城举行，每三年举行一次，合格者为举人；会试即部级考试，在京城举行，由礼部主持，其正副总裁由皇帝任命，每三年一次，各省的举人及国子监监生皆可应考，合格为贡士；最后一级是殿试，由皇帝主持，只试策问，当场交卷，参加者均称为贡士，录取者称为进士。陈范何时参加童试，相关史料当中，未发现记载，只知道 1875 年 8 月（光绪元年七月），陈范与兄长陈鼎奉父命，一同到京师参加顺天乡试，都未考中。[3] 1876年，陈鼎、陈范又分别参加在京师、长沙举行的乡试，结果陈鼎中试为

---

〔1〕　据《光绪十五年己丑恩科顺天乡试朱卷》陈彝范卷。
〔2〕　陈鼎等：《怀庭府君（陈钟英）年状》，熊治祁编《湖南人物年谱》4，第361页。
〔3〕　陈鼎等：《怀庭府君（陈钟英）年状》，熊治祁编《湖南人物年谱》4，第361页。

举人,陈范未中。[1] 光绪五年(1879),陈范再次赴京师参加乡试,再次落第。光绪六年(1880)夏,陈鼎考中进士,入选翰林院庶吉士。这对于父亲陈钟英来说,对于整个陈氏家族来说,都是极大的荣光与鼓舞。不幸的是,就在这年年底(光绪六年十二月十四日,1881 年1 月 15 日),陈钟英因病去世。陈范没能在父亲在世之日中举,这是他终身的遗憾。不过,陈范并不气馁,而是愈挫愈奋。从 1875 年开始至 1889 年,他先后六次参加乡试,[2] 终于在光绪十五年(1889),也就是父亲辞世九年之后,如愿以偿,考中己丑恩科第二十名举人。《申报》曾发布中试者榜单。[3]

关于这场考试的具体情况,陈范自己未留下详细记述,但是当时的《申报》登载了对这次乡试的准备过程。[4] 参加这场考试的士子达一万六千人。首场题目出于"四书":

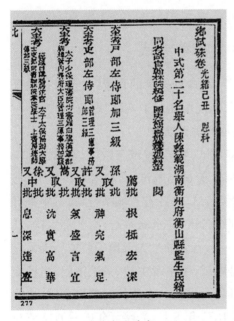

陈范乡试硃卷

> 有若对曰"盍彻乎"? 言前定则不殆,事前定则不困,行前定则不疚,道前定则不穷;人皆有所不为,达之于其所为,义也;□试得自强不息,得乾字五言八韵。[5]

第二场题目出于"五经":

> 《易》:"易与天地准,故能弥纶天地之道";《书》:"在璇玑玉衡,以齐七政";《诗》:"其

---

〔1〕 陈鼎等:《怀庭府君(陈钟英)年状》,熊治祁编《湖南人物年谱》4,第 361 页。
〔2〕 陈范:《乡试闻报》,《烟波吟舫诗存》,第 11 页。
〔3〕 《申报》,1889 年 10 月 16 日第 2 版,载有所有中举人姓名、籍贯。
〔4〕 《金台秋色》,《申报》,1889 年 9 月 14 日第 2 版。
〔5〕 《电传顺天乡试首场题》,《申报》,1889 年 9 月 6 日第 1 版。

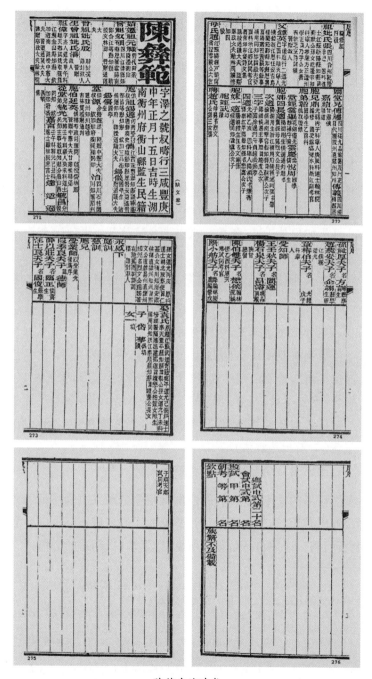

陈范乡试硃卷

17

崇如墉,其比如栉";《春秋》:"吴子使札来聘,襄公二十有九年";《礼》:"动则左史书之,言则右史书之".[1]

笔者未能搜集到陈范的试卷,但是查到了考官给陈范试卷所作的评语。主考官的评语是"根柢宏深""神完气足""气盛言宜""沉实高华"与"息深达旨".[2] 可以看出,考官对陈范的考卷评价相当高。

中举这年陈范的虚龄是 30 岁。与清代中举人平均年龄相比,陈范中举时的年龄并不算大。据相关研究,晚清士子考中生员的平均年龄为 24 岁,中举时平均年龄为 31 岁,进士及第的平均年龄为 36 岁.[3] 如果从 1875 年第一次参加乡试算起,到 1889 年中举,共计 14 年。

考中举人,陈范百感交集,曾赋诗一首,表达自己的欣喜之情:

乡 试 闻 报

不分鹏飞滞北溟,早闻诗礼愧趋庭。

后先册载岁逢己(先君以道光己酉捷顺天乡榜,及今己丑,四十年矣),南北六巡年逾丁(予自光绪乙亥至今,惟壬午以丁艰未赴,十五年中,凡南北六届)。

早贵惭兄亲及见(伯兄乡会捷时,严慈皆在堂),同心有妇目先瞑(是年三月断弦)。

漫因老大伤磨蝎,多少窗前干死萤.[4]

参加科考的这十几年间,陈范没有完全禁足在书斋中研习八股。他喜欢外出游历,结交名流贤达。游览浙江的名胜石门洞时,写过长诗《游石门洞》,记述自己游览时所见,抒发愉悦、闲适的心情:

---

[1]《电传顺天乡试二场题》,《申报》,1889 年 9 月 9 日第 1 版。

[2]《光绪十五年己丑恩科顺天乡试朱卷》陈彝范卷。

[3] 张仲礼:《中国绅士:关于其在十九世纪中国社会中作用的研究》,上海社会科学院出版社 2002 年版,第 103、135、139 页。

[4] 陈范在悼念袁氏的《伤心词》中称,"伤心往事从头数,十二年前结缡始",则他们婚后共同生活了十二年;又称袁氏"沦落人间卅二年",即袁氏去世时为三十二岁。陈范在 1889 年所写《乡试闻报》中,称"是年三月断弦",则袁氏去世时间为光绪十五年三月。详见王敏编校《陈范集》,第 15、17 页。

微雨黯春江,帆重不得渡。闻有石门洞,便欲寻幽去。倒着双接离,腰却健能步。逶迤灌木中,交荫结层雾。山回路亦转,忽然如天曙。冈势左右分,平沃宜耕获。村居四五家,父老课农圃。笑问客所向,岐途幸未误。自愿作前导,殷勤如亲故。南行一二里,幽旷惬襟素。瞥见起层崖,悬流千丈布。下注于方塘,奔泻一何怒。当春溅飞雪,亭午戒行露。凌阴砭四肢,自觉不能驻。循崖向右转,石罅天不锢。纵横各丈余,中有石可据。云是刘诚意,当年读书处。匝璧镌大隶,分布密不骛。苔藓互剥蚀,读之不成句。出罅更攀跻,倏已峰巅踞。小亭渐倾圯,名胜谁爱护。缅昔文成公,于此久流寓。乡人赖保障,方陈敢狼顾。一朝遇高皇,风云得所附。帷幄资运筹,前席待借箸。功成不辟谷,此错何由铸。我来揽遗迹,欲作投湘赋。凭吊方未已,杂然起百虑。清景难久留,劳生似萍絮。翳目昏风埃,浃背湿沮洳。要掬山中泉,为我涤沉痼。虚念畏日隐,历忆来时路。入山还复出,愧此葛天趣。归来卧舟中,苍茫日云暮。〔1〕

游览富春江时,陈范还登上著名的严子陵钓台,并赋诗一首:

登严子陵钓台

天子明见及万里,独于故人失其指。杖策未随邓禹辈,安用厚禄诬高士。酣卧不识帝王尊,空教太史惊欲死。一朝忽然失所在,天下无由遣征使。远来垂钓富春山,犹是披裘一男子。钓台嵯峨自千古,亮节清风久已矣。读书向往今登临,却怪两台对相峙。土人云是姜与严,渭叟何得钓于此。归来行当考志乘,一物不知士之耻。台高千尺噉寒流,或者陵谷有迁徙。山光云影足仿佛,何论钓处是与否。我来吟眺倦忘归,已悔劳生不能止。小筑若容饱烟雨,大隐何须在朝市。君不见幅巾便坐迎伏波,却以名珠诋薏苡。〔2〕

严子陵(前39—41),名光,又名遵,字子陵。会稽余姚人,是东汉

〔1〕 王敏编校《陈范集》,第7页。
〔2〕 王敏编校《陈范集》,第8页。

初年的著名隐士。刘秀多次征召其入朝为官,但严子陵淡薄功名,坚辞不就,隐居在富春江。陈范在诗中表达了对严子陵的钦慕之情,很可能这首诗作于陈范某次科考失利、博取功名道路不顺、对科考心生厌倦之时。

科考的十余年间,陈范也经历了诸多变故。一是父亲去世,"再丁大故"。二是原配夫人袁氏去世。袁氏(1858—1889)为江苏阳湖(今常州市)人,其父袁绩庆曾任浙江省泰顺县、桐乡县知县。1877年,陈范与袁氏结为连理。[1] 陈范与袁氏生育了三个子女,即儿子如山、如阜,女儿撷芬。1889年春,即陈范中举的那一年,袁氏去世。

袁氏去世,对陈范是相当大的打击。陈范与袁氏伉俪情深,《映雪轩初稿》收录一首《中秋寄内》,反映是时值中秋之夜,陈范人在旅途思念袁氏时所作:

> 去年此夕倚回栏,笑指金波说广寒。
>
> 怪底嫦娥今不见,要留照取双泪干。[2]

陈范还写有一首《纪别》,也是倾诉对袁氏的思念之情:

> 载得离愁满画船,醒时惆怅醉时眠。
>
> 一事愿眠不愿醒,梦中或得到君边。[3]

袁氏去世以后,陈范更是悲痛欲绝,写下多首诗悼念她。

---

〔1〕 陈范在1889年所写《伤心词》中称他们结婚凡十二年,由此推算,其结婚时间为1877年。

〔2〕 王敏编校《陈范集》,第8页。

〔3〕 王敏编校《陈范集》,第13页。

第二章　短暂的官宦生涯

一、捐纳入仕

陈范中举之后,又于光绪十六年(1890)参加会试。但是这次会试,陈范未考中。此后,陈范退出了科考,原因是他通过捐纳获得了入仕的资格。

捐纳,也称捐输、捐例等,即通常所说的卖官鬻爵。由政府定出价格,公开出售。捐纳早在汉唐的时候就出现,政府通过这种办法增加财政收入。清朝也实行捐纳制度,与科举、荫袭、保举同为清朝选拔官吏的主要途径。清初的捐纳主要是为了筹集军饷和治河、赈灾等,每次开捐数额通常仅一二百万,而且多数情况下为虚衔,并不实授官职。但是到了咸丰以后,清政府为筹集镇压太平天国军费和开办洋务等,1851年起,开始广开捐例,不但捐额巨大,动辄上千万,而且同以往的捐纳不同,为实官捐纳。捐纳者在领到户部凭照后,即可由吏部直接签发到任。陈范在1885年前后,就已经在谋划捐官。据与陈范有较多交往的庄宝澍在日记中记载,在1885年底至1886年初,陈范已在为捐官一事多方活动:

> ……叔筹早来,留午膳。言台捐委员李公昨到,将设局劝捐,看捐数之多寡,定折算之高下。此时未能动拟,然隔省事,未

必踊跃也。〔1〕

……叔筹来，捐事殊无眉目。质之宜四，知恽八处与马楣生已有成说，且海防例七折，事尚可为。遂托宜四随同办理。〔2〕

……叔筹来言，捐事可望，季竹如所办闽捐已有奖票出仓，惟照例银六折，部饭银亦双倍，核数须在五数以外。作函致子隽，索照付之。致苏哥，划款交之，倮年可成，为之一快。〔3〕

……叔筹函来，捐事变卦，有互相倾轧，折扣八三止，汇稍迟。〔4〕

庄宝澍日记中多次出现的"叔筹"即陈范。日记主人庄宝澍是陈范尊敬的前辈，也是好友，其女庄芙笙在陈范原配袁氏去世后嫁给陈范。从《庄宝澍日记》提到的"海防例七折"，可以推断出这次捐例应是清政府为筹备中法战争的军费所开的海防捐例。据汪文溥在陈范去世后所撰《蜕盦事略》，这次捐官活动获得成功：

（陈范）究心经世之学，志盛气锐，欲以政治自效。既连试不第，慨然曰：丈夫何必不以他途进！遂纳粟为令，谒选〔5〕都中。复就试得己丑乙科，仍弃去，入江西为铅山县知县。〔6〕

查阅清政府官员履历档案，可以发现1890年4月（光绪十六年三月），陈范已经捐得知县头衔，补江西铅山县知县缺：

光绪十六年四月二十八日，臣陈彝范，湖南衡山举人，年三十岁，海防例捐知县分缺先选用，光绪十六年三月分籤掣江西广信府铅山县知县缺，敬缮履历，恭呈御览。〔7〕

〔1〕 常州图书馆编、叶舟点校：《晚清常州名贤日记四种》"庄宝澍日记"，光绪十一年十一月十九日，凤凰出版社2013年版，第337页。
〔2〕 常州图书馆编、叶舟点校：《晚清常州名贤日记四种》"庄宝澍日记"，光绪十一年十二月初一日，第341页。
〔3〕 常州图书馆编、叶舟点校：《晚清常州名贤日记四种》"庄宝澍日记"，光绪十一年十二月初一日，第342页。
〔4〕 常州图书馆编、叶舟点校：《晚清常州名贤日记四种》"庄宝澍日记"，光绪十一年十二月初一日，第343页。
〔5〕 指赴吏部应选。
〔6〕 王敏编校《陈范集》，第179页。
〔7〕 见秦国经主编《中国第一历史档案馆藏清代官员履历档案全编》28，第28页。

同年 6 月 20 日（光绪十六年五月四日），上谕"江西铅山县知县着陈彝范补授"，[1]1891 年 2 月，陈范实际到任。[2]

二、任职江西铅山县知县

铅山县位于江西省东北部，南唐保大十一年（953）置县。因其地有铅山，遂以山名县，隶信州。元代县升州，名铅山州。明代复为县，隶广信府，清代相沿不变。广信府领上饶、玉山、弋阳、贵溪、铅山、广丰与兴安，凡七县。铅山地处赣闽边境，自南宋以后，就是江西经济文化比较发达地区，县城所在的河口镇是明清时期著名商埠，也是江西东北部最重要的军事要塞。咸丰年间，太平军与清军曾在此进行长达数年的拉锯战。[3]但就人口而论，铅山在广信府七县当中倒数第二，仅比兴安县多。陈范到任时，铅山县人口估计为 16—17万人。[4]

清承明制，实行省、府、县三级地方行政体制，县是最低一级。县衙门设知县一人，官阶正七品，掌一县之治理，上对皇帝负责，下司牧民之职。知县下置县丞、主簿、典史各一人，为一县之佐杂，分掌钱粮、征税、户籍、缉捕、狱囚诸职。知县是全县最高长官，集司法、税收、治安、教育等权力于一身。作为司法官，举凡境内的民、刑案件，必先诉之于县衙门，由知县亲理。其中民事案件及徒罪以下的刑事案件，知县有自理权，审理完结即产生法律效果。徒罪以上的刑事案件，则由县衙门侦查、初审，提出拟议，然后将包括拟律、供词在内的全部案卷报送上司复审。知县又是税收官，朝廷摊派给各地的赋额由州县负责征收，解送至府，再由府解送至省。知县也是治安官，盗贼的缉捕、纷扰的弹压，皆由其下令执行。知县也是教育长官，童生

---

〔1〕《申报》1890 年 6 月 29 日（光绪十六年五月十三日）第 1 版刊载了这通上谕。

〔2〕"新选铅山县陈彝范禀到，系湖南己丑举人。"《江西官报》，《申报》，1891 年 2 月5 日第 3 版。

〔3〕龚汝富：《清末江西地方社会经济纠纷研究——〈鹅湖判事〉浅析》，《清代江西财经讼案研究》，江西人民出版社 2005 年版，第 206 页。

〔4〕铅山县在 1851 年人口为 148 554 人，1928 年为 187 147 人，据此估计，陈范任职期间，铅山县人口为 16—17 万人。见曹树基《中国人口史》第五卷下，复旦大学出版社2005 年版，第 527 页。

应考生员必须通过由他主持的县试。知县也是公共事务官,凡道路之修筑、桥梁之营造、河渠之疏浚、义仓之设置,无不应予过问或亲自掌握。知县还是辖区内最主要祭典官,例行的各式祭典都由其躬临主持。对于像陈范这样缺乏刑名律例、钱粮会计、文书案牍等行政经验的人来说,上任伊始,就要他应付如此繁杂的公务,初入仕途的陈范应该有很大的压力。自 1891 年 2 月到任至 1896 年 2 月被免职,陈范在任一共五年。这五年间,陈范履职情况如何? 到底因何被罢官? 从陈范当时所作的一些诗文当中,可以窥探某些侧面或者是一些片段。

任职江西铅山县时的陈范

陈范在任上如临如履,相当谨慎,"初莅任视事,有前官好钱、新官好名之谣",因此他告戒自己一定不可贪财好名。[1] 他勤政爱民,尽力当好父母官,举凡审理案件、缉捕盗贼、维持治安、调解纠纷、征收赋税等各项工作,无不亲力亲为。他曾很卖力地打击当地哥老会势力,江西巡抚德馨曾就此奏请朝廷给陈范"以直隶州知州在任补用",[2] 可惜朝廷未准。他还亲自主持当地求雨活动。铅山县境内以山地为多,农田地势高,远离大河,庄稼生长一靠雨水,二靠山间溪流灌溉。1893 年夏天,广信地区久旱无雨,禾苗枯萎。乡民十分焦急,请求县太爷按照习俗,祭祀求雨。陈范责无旁贷,偕众官绅至石井庵求雨。求雨之后,铅山地区竟然真的下了场大雨。陈范喜不自禁,曾赋诗以记之:

〔1〕陈范:《请和公》,王敏编校《陈范集》,第 23 页。
〔2〕《光绪二十年三月十七日京报全录》,《申报》,1894 年 5 月 1 日第 13 版。

炎曛曜当午,我心尤如焚。

倏然来清飙,东郊起纤云。

方当仰面视,一霎遂细缊。

屏翳促怒马,疑欲翻河汾。

风雷互附会,奔腾集千军。

收束稍嫌急,涓泽已众分。

百溪写余波,原田水沄沄,

心清暑亦躅,暍解意尤欣。

便欲行东菑,及时深耕耘。〔1〕

　　初入仕途的陈范踌躇满志,除了上述勤政事迹之外,在任期间,在振兴教育以及革除各种积弊等方面陈范也有所作为,铅山县也因此呈现出新气象。

　　1. 修葺鹅湖书院,振兴教育。鹅湖书院位于铅山县鹅湖镇鹅湖山麓,为江西四大书院之一。南宋时期,理学家朱熹、吕祖谦、陆九渊、陆九龄等人,于淳熙二年(1175)在此举行旨在调和朱熹"理学"和陆九渊"心学"之间分歧的会议,史称"鹅湖之会"。这是儒学发展史上也是中国文化史上一件影响深远的盛事。为纪念"鹅湖之会",书院后建"四贤祠",朝廷赐名"文宗书院",后更名"鹅湖书院"。自南宋至清代八百多年间,书院历遭兵毁,又屡次重建。至陈范上任之时,书院已破败不堪,"门摆雀可罗,祠秽神勿歆"。山长既不驻院,童生更无肄业者。在对书院实地考察之后,陈范"归来意辗转",决定发起修葺活动。他一方面向上级请求拨款,申请书写了不下十次,另一方面征集广信府七县士绅的捐款。两方面的反应都很积极,"七邑捐款至万金,大府后发币五千",共筹集一万五千余两银。书院修葺工程于是启动。书院兴建颇为不易,遇到不少难题。其时工程书院主建筑的楹柱已朽,可是山中又难觅可以用作楹柱的大树。费了不少力气,最终发现了一棵数百年的香樟树,砍伐下来用作楹柱。经过扩地、庀材、建造等工序,耗时将近两年时间,书院终于修缮一新,还新

----

〔1〕　陈范:《喜雨》,王敏编校《陈范集》,第25页。

建了二十间斋舍,供学生住宿。陈范也颇善规划,书院修葺工程总共仅用掉四千两银,余下的万余两经费"悉以购田,并发典生息",用来补贴书院经费。陈范为书院手定章程十六条,并亲自出面聘请铅山县著名士绅华尧峰来鹅湖书院担任山长,驻院教学。[1] 对于陈范的邀请,华尧峰欣然应允。

2. 革除积弊。陈范就任的铅山县,历来有四大积弊。

其一是"打油火",即假命案。地棍、流氓与官府勾结,包揽官司,敲诈勒索。一旦某处出现无名死尸,奸胥猾吏便借机生事,捏造罪名,将命案与一些富户联系起来,对其敲诈勒索,被敲诈的富户往往因此破产、坐牢。陈范对此深恶痛绝,将其列为必须去除的第一恶行。他曾写有《打油火》一诗,对这一弊政的表现有所描述,并且表达自己革除弊政的决心:

> 打油火,火猛还添油。焦头烂额满原野,故鬼新鬼声啾啾。朝闻田间有瘐毙,魑魅色喜人人忧。鳏夫独父有妻子,奸胥猾吏为绸缪。千篇一律等结构,或为主使或同谋。亦有骨肉被非命,戴天可共翻他求。五日作呈十日进,纳财入贿名乃勾。朝入牒,莫下符,先驱已达方鸣驺。尸腐肉败已难视,况复高坐遥凝眸。官差捧符手铁索,酒氓烟瘠至此如貔貅。按图索骥不稍漏,择肥而噬无庸搜。官饫吏醉尸属饱,懦民愚户无遗留。朝为富翁夜析产,昨拥妻子今作囚。当官犹幸免鞭扑,吞声咽泪谁敢仇!吁嗟乎,孰为火,孰为油,堂皇熟视宁无羞!力薄不为天下雨,灭此荧荧吾所忧。[2]

其二是"请和公"。"和公"即讼师,其职能与现代社会的律师相近,代当事人写法律文书,甚至代理当事人诉讼等。讼师在唐代已产生,宋元以来在民间社会普遍存在。讼师具有两面性,既可能维权,也可能为金钱而挑词架讼,成为讼棍。讼师多出身于仕途不畅的士人,他们往往是具有一定社会关系的吏人、衙役子弟。江西是讼案较

〔1〕陈范:《鹅湖书院落成志喜,并示邑人》,王敏编校《陈范集》,第25—26页。
〔2〕陈范:《打油火》,王敏编校《陈范集》,第23页。

多的地区,尤以铅山为甚。〔1〕据陈范记述,铅山一带的讼师,每每为了自己的利益而挑唆矛盾,制造讼案:

> 请和公,和公一到讼乃成。欲令可进不可退,先使就重不就轻。蚩蚩何知触罪网,一纸已入难自明。官符一下和公喜,填头接脚何多名(皆讼费名目)。染指岂仅尝异味,果腹乃欲饫血腥。奸胥蠹役互联络,此辈欲壑尤难盈。音讯辗转历时月,零皮剩骨恣割烹。幸逢勤能得对簿,诘责但据先所呈。按图索骥见虚饰,桃僵李代人吞声。吁嗟乎!好名嗜利同一累(予初莅任视事,有前官好钱、新官好名之谣,予颇以自戒)先能勿喜乃得情,广汉钩距在善用。须删枝叶搜根萌,勿据先入囿成见。惟勤能诚诚乃明,和公畏明不畏严,务使百术不得行。君不见银铛在身腕犹健,惩一儆百但可治良民。〔2〕

其三,"靠十字"。所谓"靠十字"指以基督教、天主教为靠山,俗称"吃教"。江西自明末以后,便是天主教在华传播的重要地区。特别是第二次鸦片战争以后,基督教、天主教在此传播迅速,教案也频繁发生。江西是晚清时期教案多发的省份之一,1862年就发生过著名的南昌教案。〔3〕民教对立是江西各地普遍现象。陈范作诗《靠十字》,述其成因,并提出对策:

> 宁可靠十字,不受官差气。我闻此言自惕息,其咎无乃在长吏。自从西教入中国,巧者因缘为奸利。逋逃巨薮藏桀黠,乡里何人敢正视。有司执法绳良善,独于此辈不能治。手持片牍登

〔1〕 参见龚汝富:《江西古代"尚讼"习俗浅析》,《南昌大学学报(人社版)》,2002年第4期。
〔2〕 陈范:《请和公》,王敏编校《陈范集》,第23页。
〔3〕 咸丰十一年(1861)法国天主教传教士罗安当借不平等条约为护符,要求发还教产,强行索地要房,并强令官吏张贴传教布告,激起官绅民众公愤。次年,前翰林院检讨夏廷榘,在籍甘肃臬司刘于浔等翻印、传播反对基督教檄文,一日夜刷印数百万张,遍贴江西省城内外通衢。南昌群众奋起焚毁教堂、教会育婴堂、学堂及教民房屋,罗安当仓皇逃出南昌。南昌街头又张贴《扑灭异端邪教公启》,号召全省士民反对洋教。同治二年(1863),罗安当企图再入南昌,因群众反对而转往九江。清政府责令江西巡抚沈葆桢赔银一万七千两,重建教堂结案。

堂皇,回颜霁色敛威怒。枉者亦直曲者伸,律法不为莠民制。昔何踟躇今何荣,衣锦还乡事相似。效尤辗转久益众,渐由民庶及衿士。吁嗟乎!古称刑不上大夫,今人崇视靠十字。驱民作教谁厉阶,用夷变夏岂天数。我来三载务持平,国体邦交欲兼顾。台符宪檄徒纷纷,宰官今巳除民蠹。〔1〕

事实上,晚清时期,以教案为中心的民教关系,是令各级地方官最头痛的问题之一。从陈范到任以后,就面临这类问题,处理难度可想而知。

其四,"打联手"。"打联手"是指在科试场中内外联手作弊。科场作弊本是科举时代普遍现象,但在江西特别严重,参加科举考试之人,"打联手"者竟然十人有九,这令陈范十分震惊,他曾作诗记其事:

读书不能穷二酉,临场乃欲打联手。进身之始为诈欺,国家取士意已左。我疑此事出偶然,岂知十人竟九有。墙隅门隙皆通风,监胥随役为奔走。防奸杜弊日纷纷,自愧精诚不能剖。三年两考历科岁,弊去太甚已瘏口。今年以此商搢绅,华祝程刘皆山斗。愿乃先导禁族姻,誓与宰官联臂肘。吁嗟乎!四贤讲学堂犹存,士气彬彬此邦首。涓涓不塞成江河,此风相踵殆不久。挽回岂伊一人能,扶持还藉群英偶。〔2〕

面对诸多积弊,陈范自述"两三年内,次第整饬,以办命案、惩讼匪、和民教、除抢替四者为最"。〔3〕 此时的陈范可谓奋发有为,顶头上司王筱初太守对他的评价也颇高,在对广信府七位知县的考核当中,他给陈范的评价最高,列为首位。可惜的是这个考核评价没能被江西巡抚德寿,也就是王筱初太守的上级所采纳,反而"驳令换填"。〔4〕

三、被朝廷免官

正当陈范踌躇满志、仕途似乎一片光明之时,却因上司的弹

〔1〕 陈范:《靠十字》,王敏编校《陈范集》,第23页。
〔2〕 陈范:《打联手》,王敏编校《陈范集》,第24页。
〔3〕 陈范:《由郡还县舆中感怀》,王敏编校《陈范集》,第22页。
〔4〕 陈范:《呈谢王筱初太守》,王敏编校《陈范集》,第34页。

劾突然被朝廷免官。弹劾陈范的是时任江西巡抚德寿。1896年2月24日（光绪二十二年正月十二日），朝廷正式颁布了将陈范革职的上谕。上谕称据江西巡抚德寿关于其所监督的属员推举和弹劾的奏请，"铅山县知县陈彝范夤缘贪酷，声名甚劣"，"着即行革职"。[1]

所谓"夤缘"指对为求进身，攀附权贵；"贪"显然是指陈范品性贪婪，可能是指贪财物，也可能是指贪图女色等；"酷"应是指陈范对部下或者是百姓冷酷无情。对上攀附，对下冷酷，品性贪婪，这是朝廷将陈范革职的依据。联系晚清中国的官场腐败风气，不难看出这个罪名差不多可以戴在绝大部分官员的头上，而且如果对照同一批被德寿弹劾的其他几名官员，如新昌县知县周文潮"沉湎于酒，不谙吏治"，可以发现，上谕（应是依据德寿对陈范的弹劾罪名所拟）对陈范革职的理由讲得相当含混，并未举出具体的证据或者事由。那么，朝廷上谕所言罪名是否属实？换言之，陈范被免职是否是因被诬陷，这关系到对早年陈范的基本评价，因此是陈范研究当中十分重要的问题。而关于陈范被免职的原因，后来的相关资料和历史记述中，有各种说法：一是陈范妹夫汪文溥所言与上司关系不好，"时抚江西者德馨，[2] 以好货闻于全国，君隶其下，郁郁不得志，居久之，投劾去"。[3] 二是因教案处理不力，主要根据是1903年苏报案发生后，章士钊在其所编《苏报案纪事》一书当中说陈范是"因教案落职"。[4] 此后的关于苏报案或者是陈范的相关历史记述中，多采用这个说法，如《铅山县志》"陈范传"当中，认为正是因为陈范处理教案问题时，态度严正，因此得罪地方势力，"他们沆瀣一气，捏造罪名，向江西巡抚告发陈范。德馨[5] 听信谗言。不久，在义和团反帝爱国运动影响下，铅山、弋阳两县人民一千余人，焚毁河口天主教堂，酿

---

〔1〕 中国第一历史档案馆编：《光绪宣统两朝上谕档》第22册，广西师范大学出版社1996年版，第17页。《申报》1896年3月14日第1版也刊载了这份上谕。

〔2〕 误，应为"德寿"。

〔3〕 兰皋（汪文溥）：《蜕盦事略》，王敏编校《陈范集》，第178页。

〔4〕 章士钊：《苏报案纪事》，1903年版，第1页。

〔5〕 误，应为"德寿"。

成'河口教案',德馨乘机将陈范罢职。"〔1〕但是,前述这两种说法均未见有确切的史料作为佐证,特别是后一种说法,有比较明显的附会的成分,文中所提及的河口教案发生在1900年义和团运动期间,而陈范被免职是在1896年。

没有处理好与上司的关系以及与教案相关的一些问题,如"靠十字"处理失当,都可能都与陈范落职有关联,但是直接导致陈范被弹劾的事由到底是什么?对此,陈范一直未曾明言,或者他自己也可能不完全清楚德寿为何弹劾自己。但是陈范被革职后所作的诗当中,似乎透露一些端倪。

陈范离任之前,新任知县李伦农前来拜访,"问旧政",向陈范请教治理铅山的经验。陈范自云"不敢自讳其至败之由",作诗一首,总结说自己的教训主要在于不够"宽仁":

> 败军何敢更谋人,失路那堪应问津。
> 刚克久知更柔济,愿君为政尚宽仁。
> 司牧从来戒败群,螟螣未去枉耕耘。
> 于今敢说不仁远,戢暴安良望后君。
> 萧规自古要曹随,惭愧菲材未足师。
> 一事丐君为护法,颇闻吏舍正酣嬉。〔2〕

此处"刚克久知更柔济,愿君为政尚宽仁",即没有做到刚柔相济,特别是不够"宽仁",是自己任职期间施政举措失败的原因。而"宽仁"显然是指对下,很可能是指在处理"打油火"等积弊时手段过于严苛。

而在另一首诗当中,陈范又提及被罢黜的原因是由于自己的"疏直",即个性方面的粗疏、率直。这首诗作于陈范卸任后离开铅山县时,题为《经河口更舟,寅好为张祖道,赋此为别》。同僚和朋友们送

〔1〕《铅山县志》,南海出版公司1990年版,第715—716页。
〔2〕陈范:《李俞农大令以新令尹来问旧政,惜余非楚子文也,然不敢自讳其致败之由,赋此答之》,王敏编校《陈范集》,第31页。李俞农,云南河阳人,丙子举人,江西星子、铅山、乐平等县县令。见张鸣珂著《寒松阁谈艺琐录》,上海人民美术出版社1988年版,第112页。

其至铅山县河口镇,为其举行祭祀路神的仪式,设宴为其钱行。陈范十分感动,赋诗一首,表达自己的感激和不舍之情的同时,诗中再次提到自己被罢官的原因:

> 六载忝邦寄,匡扶心力殚。
>
> 终因疏直黜,独有别离难。
>
> 兰桨和春去,华筵怨夜阑。
>
> 此行无定所,枉用劝加餐。[1]

诗中的"终因疏直黜"是陈范对自己被罢官原因的总结。此处的"梳直"与前一首诗中的"宽仁"不同,显然是对上,指在对上司过于耿直,也可能是因此冒犯了上司。如果说前一首诗是从自己施政得失角度的总结,那么这首诗则是从为官之道角度的总结。

这两首诗均为陈范在自己被罢官之后所作,可以看作是事后的反省,由这两首诗大致可以推断出陈范被罢官的原因很可能是由于缺少处理基层问题历练,对前述各种积弊的处理不太得法,结果是问题未能根治,又得罪了"地头蛇"之类的地方既得利益者。这批人向陈范的上司江西巡抚德寿诬陷陈范。另一方面,初入仕途、对为官之道尚不精通的陈范对待德寿很可能未表现出足够的恭敬,或者是过于耿直,顶撞了德寿。总之,上下均不讨好,这两方面的原因导致陈范最终被罢官。至于德寿所弹劾的"黍缘贪酷",有可能有夸大甚至是诬陷的成分。进而言之,上谕所言"声名甚劣"似乎也与实际情况更是不相符,这从陈范被罢官以后,同僚及地方士绅的态度就可以反映出来。获悉陈范被罢官的信息,鹅湖书院山长华尧封特率生徒前来慰问。陈范感动之余,赋诗一首:

> 五年作令原无状,八字休官却莫须。
>
> 应是天知麋鹿性,许将组绶换菰蒲。
>
> 荣辱升沈资阅历,死生贵贱见交情,

何须更问悠悠口,一木能支大厦倾。〔1〕

陈范的上司、广信府知府阮辑五,更明确地为他的遭遇鸣不平,认为朝廷对陈范的处理是"焚琴煮鹤",将一个有理想、有作为的官员的前途毁弃了。陈范作诗以答:

> 便作焦桐犹雅调,纵作羹臛亦新肴。
>
> 清标如此谁堪比,应是东方善解嘲。〔2〕

最让陈范感动的,当是铅山当地士绅对他的态度。此前,铅山士绅有感于陈范的作为,为他在鹅湖书院的四贤祠附设生位,使其与朱熹、吕祖谦、陆九渊、陆九龄"四贤"一样,享受地方士人的崇敬。陈范虽然竭力阻止,但已付诸实施。陈范记述:

> 民气雕残生计穷,六年受牧愧无功。
>
> 纵多美意少良法,不道舆情谅隐衷。
>
> 配食陆云情已过(华祝诸绅议于四贤祠附设生位,虽力却之,闻已施行矣),选钱刘宠义难通。
>
> 好勤东作分苗莠,总在皇恩雨露中。〔3〕

得知陈范落职,即将离去,当地士绅依依不舍,特地设宴为他送行:

> 夙昔扶持意,其如疏直何。
>
> 即今忞酒谳,遂恐悔蹉跎。
>
> 宦味平生淡,离怀此夕多。
>
> 朝来相忆处,帆影荡春波。
>
> 地瘠生机蹙,民穷俗习浇。

---

〔1〕 陈范:《华尧封方伯亲率生徒步诣致慰,菲材受任,获咎无怨,何敢当此,赋此呈谢》,王敏编校《陈范集》,第31页。"八字休官"指上谕转述的德寿对陈范的评语:"黉缘贪酷,声名甚劣。"见中国第一历史档案馆编:《光绪宣统两朝上谕档》第22册,光绪二十二年,第17页。

〔2〕 陈范:《阮辑五太守以诗见慰,有焚琴煮鹤之语走笔答之》,王敏编校《陈范集》,第32页。

〔3〕 陈范:《士民纷纷远送赋此却之》,王敏编校《陈范集》,第33页。

相期务休息,何以慰漂摇。

敢说臣心尽,毋增予口哓:

已闻饬纲纪,黾勉报琼瑶。[1]

很难想象,一位不得民心、声名狼藉的被革职官员,本地绅民会以各种形式表达惋惜和依依惜别之情。

因上司弹劾而被革职,意味着自幼就孜孜以求的仕途和功名就此终结,这对陈范的打击可想而知。虽有同僚、亲友的安慰,但是愤懑、懊悔、沮丧之情在陈范这时所写的诗当中不时有流露。被革职后,陈范曾与同僚们曾经一起饮酒,席间一名歌伎的演奏令陈范动容,并当场泣下。与陈范同席的同僚"柬寄二绝,劝为落籍"(劝说陈范娶这名歌伎)。陈范回赠诗二首,诗中充满失意、落寞、无奈之情:

其 一

劳君相劝石榴花(石榴花,酒名),醉后还防愁转加。

西鲽东鹣无分合,眼前门外是天涯。

其 二

自是龙蛇蛰伏时,此中消息有谁知。

牛工街卒空相护,不是扬州杜牧之。[2]

陈范卸任后,由河口登船,离开铅山。船经弋阳时,船舱外青山绿水依旧,而陈范将就此告别这个自己任职近6年的地方,此时的陈范的内心可谓百味杂陈,十分伤感。他亦赋诗一首《弋阳道中》,表达留恋之情:

山色青如昨,江流清鉴人。

扁舟从此去,不待忆鲈莼。[3]

船开过抚州之时,陈范的郁闷、失意的情绪似乎是稍微缓解了一些。时值酷暑,而抚州的瓜"擅美江右",陈范决定前往品尝,并租住

〔1〕 陈范:《邑绅组饯,赋此留别》,王敏编校《陈范集》,第32页。
〔2〕 陈范:《寅僚祖席答王予庵司马原韵二首》,王敏编校《陈范集》,第33页。
〔3〕 陈范:《弋阳道中》,王敏编校《陈范集》,第33页。

一詹姓人家的房屋,在抚州略作停留以避暑。浮瓜沉李,使他暂时乐而忘忧,为此他又赋诗一首:

> 此间何事更勾留,身世今如不系舟。
> 纵使夜行逢汉尉,自甘雨立失秦优。
> 故侯瓜美人争买,拟岘台高我独游。
> 且喜异乡得贤主,小园花竹足清幽。[1]

四、社会交往与家庭

作为传统士大夫的一员,陈范密切交往的自然主要是亲友和同僚。在赴任的途中,经过江西贵溪县时,陈范曾顺路拜访朱莘潜知府。朱莘潜是浙江富阳人。陈范父亲曾在富阳为官,与其相识,因此,朱莘潜算是陈范的故旧。朱莘潜设宴招待陈范,席间又讲述了许多他在家乡所听到的关于陈范父亲为官的政绩,"杯酒情渐醲,新诗味似蔬。更欣识先德,话旧一欷歔"。[2]二人相谈甚欢。

任职铅山县期间,陈范与同僚的交往也颇为频繁,除了与广信府知府的关系颇为融洽之外,他与在江西府县任职的谢慕韩、王予庵、王筱初、何绶民、唐介石、郑尚左、谭理堂、王绶珊等,都有良好的关系中,与华尧峰山长、王予庵、王筱初的关系则尤为密切。

华尧峰(1811—1900),名祝三,字肇猷,号尧峰,一作尧封。江西铅山人,道光二十三年(1843)考中癸卯科举人。道光二十七年(1847)考中丁未科二甲进士,选庶吉士,散馆授编修。历任河南道御史、甘肃西宁府知府,分巡兰州道,钦加布政使衔。还担任过江西白鹿洞书院山长。华尧峰在担任白鹿洞书院时,曾作《天人九老图》,并且请陈范为这幅图题诗。

这幅《天人九老图》源于一则著名的故事:光绪十六年五月,适逢白鹿洞书院山长华尧峰80岁生日,南康知府王延长、南康监院饶

〔1〕 陈范:《抚州瓜擅美江右,解组无事,因就避暑,赁寓於詹氏》,王敏编校《陈范集》,第34页。
〔2〕 陈范:《之官鹅湖道出贵溪赠朱莘潜明府》,王敏编校《陈范集》,第22页。

晓山前来祝寿，三人往游庐山海会寺，访住持至善上人。于是四位高龄老人（华尧峰 80 岁，王延长 77 岁，至善上人 72 岁，饶晓山年纪最小、也已 62 岁）又同游庐山五老峰。四老人与五老峰，四老加五老，正好九老，实为盛事。于是华尧峰作《天人九老图》以记其事。[1] 四老均德高望重，尤其是华尧峰更是海内名儒，他请陈范为自己的画作题诗，这令陈范诚惶诚恐。陈范精心撰写了一首长诗：

> 天有九阊地九渊，不以盈数穷其键。香山老人止于九，义戒满损非偶然。事经千载流风远，谁能与之相后先。尧封华公八十二，接离犹跰匡庐巅。远揖危崖五寿者，近揽游侣三耆年。天人遇合会有数，忽臑奇想相勾连。名因其旧意则创，绘图作记罗乔佺。揭来返棹鹅湖麓，持以示我话其缘。庐山真面愧未识，当筵快展摇宣笺。是山是人且漫辨，俄觉眼底缠云烟。五峰峨峨迥相向，似与尧峰相周旋。先生遂气睟面目，苍髯朱履神便便。南康王守立偏右，昤肩瘦耸工推研。饶君六旬年最少，上人合十阐真诠。山灵儒释各神似，画师无怪哆龙眠。我闻谪仙饮邀月，又闻拜石有米颠。天人九老更奇崛，贻之来者将毋传。公之官辙半天下，文行政迹世所镌。以其绪余作韵事，风流文采追前贤。图中题咏多名宿，糅珠杂贝非一篇。打钟僧人忏绮慧（易实甫观察题诗，印文用打钟僧人字），清言妙谛互贯穿。江右李生亦健者，笔意疑在开元前。在图四老各有作，先生巨构谁并肩。我承公命汗浃体，今之俗吏困烦捆。风尘眯目泥曳尾，山移迭至勿敢言。揽图兴叹不释手，涤虑要掬山中泉，勉泚剩墨荐嘉颂，愿祝人天寿共延。吁嗟乎！香山去后尧峰起，并来要作瀛洲仙。[2]

王予庵是广信府同知，雅称司马，职能为佐理知府之盐政、缉捕

---

〔1〕胡迎建主编：《坚守·风骨·传承：都昌黄锡朋、黄养和、黄次纯、胡雪抱诗文研究》，江西高校出版社 2013 年版，第 103 页。
〔2〕陈范：《尧封华方伯主讲白鹿洞书院，作天人九老图，公与南康守王筱轩、学博饶某、庐山僧某，为四老，合五老峰为九老，绘图作记，征诗于予》，王敏编校《陈范集》，第 29 页。

盗匪等行政事宜。陈范与王予庵的家世相近,二人父辈均担任知县
一类的官职数十年,颇有惺惺相惜之感。他们是同僚,而且居所也很
近,来往密切,关系相当融洽。陈范继妻庄芙笙去世以后,王予庵登
门吊唁,诚恳慰问。陈范作《赠王予庵司马二十四韵》,记述他们之间
深厚的友情:

> 叶县神仙裔,琅琊最有名。风流晋武子,理学浙文成。明德
> 传匪替,先型守岂轻。垂髫知国器,累叶继家声。凤擅神驹誉,
> 宁争功狗荣。随官曾此土,早宦屡专城。花县方传谱(君先人宰
> 新淦,君又莅焉),兰陔遽赋笙(在新淦以终养予告)。殊荣貂再
> 珥,嘉宴鹿重鸣(皆君先德事)。太息祥琴御,翩然墨绶更。江州
> 旧司马,信水再迁莺(君服阕以同知到省,曾署篆于此。今又从
> 袁丞调补)。望治歌来莫,闻名快识荆。独难世载吏,犹是一书
> 生。善继君无愧,思齐我更惊。三巴堂勿蕝,两浙竹曾迎(曾大
> 父令蜀,先君令浙,皆三十年)。求治如株兔,居官似束牲。未能
> 绳祖武,弥恸说臣清。差喜方邻接,论交古道倾。荀炉薰再烬,
> 娲石补难平。慰藉敦僚谊,咨嗟惜女贞(予时失偶,君慰藉颇
> 至)。直疑渐蜜醴,还为下菫蓤。花落难归树,舣停漫语筝。便
> 将辞世网,何处濯吾缨。惜别为君在,无能愧众擎。春风吹领
> 袖,终久挈飞鲸。[1]

王筱初是陈范的上级,对陈范的品德、才能都评价很高。在陈范
被罢官的前一年的考核中,王筱初对陈范的评价最好,在广信府七县
知县中,列为首位。但是这个考核评价没能被江西巡抚、也就是王筱
初的上级德寿所采纳,"驳令换填"。此事日后为陈范所知,心中极为
感激。离开铅山时,陈范特致一信,表达感激之情:

> 驽马疲鞭策,何缘厕乘黄。
> 独蒙伯乐顾,竟许次公狂。
> 计最翻为殿(去年计典,公密考,以予为最,驳令换填,不可,

〔1〕 陈范:《赠王予庵司马二十四韵》,王敏编校《陈范集》,第27页。

故未入计奏),恩深未易偿。

　　衔悲就东迈,江水岂为长。[1]

　　任职铅山县期间,陈范再次遭遇家庭不幸,这就是继妻庄芙笙去世。陈范的第一任妻子袁氏于 1889 年去世。大约在 1891 年,陈范迎娶了继室庄氏。庄氏名芙笙,一作芙生,江苏武进人,为陈范好友庄宝澍之女。庄宝澍(1847—1901),江苏武进人。原名安泳,字甘来,号仲芳,别号赤鹣词人、樗叟、红豆词人等。诸生。著有《懒翁诗词》《直疑笔记》。陈范做官以前,他曾帮助陈范谋求捐官事宜。陈范到铅山任职以后,他也在江西为官,任典史,协助知县掌管缉捕、监狱等方面事务。

　　陈范在迎娶庄芙笙之后,即携庄氏前往铅山上任。陈范与庄氏在寓所(铅山县衙)拍过一张合照。在照片中,陈范端坐,戴眼镜,手持烟袋。庄氏与陈范长女陈撷芬立在边上。这张照片大约拍摄于 1893 年。

陈范(右)与继妻庄芙笙(左)和女儿陈撷芬(中)

---

〔1〕 陈范:《呈谢王筱初太守》,王敏编校《陈范集》,第 34 页。

陈范与庄氏生有一女,即陈范最小的女儿陈信芳。陈信芳日后曾在上海中西女塾就读。陈范逃亡日本后,陈信芳又前往日本留学。

庄芙笙

不幸的是,婚后仅三年,庄氏即患重病。相关史料显示,1894年4月21日,庄芙笙胃痛吐血,为此,陈范曾向上海北市丝业会馆筹赈公所捐款一百元,以祈求妻病"速愈"。[1]但这并未能挽救庄芙笙,几个月后,庄芙笙去世。[2]

庄氏去世的阴霾还未散去,陈范自己又被朝廷革职,可谓祸不单行,厄运连连。家庭的不幸,仕途的终结,双重的打击,此时陈范的痛苦和失意可以想见。

陈范被免官之后,回到了家乡常州。在闲居两年多以后,陈范来到上海另谋发展,他的人生的另一个阶段也由此开启。

〔1〕《助赈拾要》,《申报》,1894年4月21日第9版。
〔2〕据庄宝澍日记(1894年8月6日(光绪二十年七月初六)):"况自麦生、尊生之死以瘰,今又继以芙生死之戚,骨肉之惨,至予夫妇,亦云奇酷。"参见常州图书馆编、叶舟点校《晚清常州名贤日记四种》,凤凰出版社2013年版,第405页。从日记语气看,庄芙笙很可能是8月初去世的。

第三章 《苏报》馆主

一、关注维新变法，与上海报界发生关联

陈范被免官前后和在常州闲居的这几年间，正是中国酝酿着重大变革的时期。时值 1894 年甲午中日战争之后，清朝战败，与日本签订《马关条约》，割让台湾、辽东半岛给日本。第二年春天，康有为、梁启超等在京应试的举子上书朝廷，呼吁变法图强。之后康有为等创办《万国公报》（后改名《中外纪闻》）鼓吹变法，并组织强学会。1896 年 8 月，康、梁又在上海创办《时务报》，风行一时，上海亦因此成为变法维新思想宣传的中心，变法维新思潮兴起。1898 年 6 月 11 日，光绪帝颁布了"明定国是"诏书，变法维新运动兴起。1898 年 9 月 21 日，慈禧太后发动政变，将光绪帝囚禁，捕杀"六君子"，变法宣告失败。陈范虽然远离北京，但他对变法维新运动似乎相当关注，并且对于维新变法问题有自己的看法。8 月 30 日，戊戌变法运动如火如荼之时，陈范以"梦坡"为笔名，在上海《游戏报》发表了一篇题为《捕虎说》的短文，文章以寓言的文体表达对维新变法的见解，行文风格颇似柳宗元的名篇《捕蛇者说》，全文如下。

> 山野之邑多虎患。初犹于昏黄月黑，潜踪于长林丰草，稍稍害行人，继则白昼如城市，啸聚其类，当道而蹲，遇物则搏，遇人则食，其为暴烈矣！宰是邑者患之，于是下捕虎之令。有客进

曰:"我能捕虎,愿得精壮数人,披以虎皮,使之习虎吼,学虎步,娴虎之跳跃,精虎之扑攫,如是者数月,虎之能事尽矣,然后可入虎穴得虎子也。"或有难之者曰:"子之计左矣。虎之斑斓其文者,虎之质也;一啸风生者,虎之威也;跳高跃深者,虎之技也;扑物攫人者,虎之性也。若人捕之者,自有法,当先运其谋,布网罟以围之,掘坑阱以陷之,继戮其力,操强弩毒矢以攻之,持长矛大戟以毙之,此人之能也,岂可舍人之所长而学兽之长哉! 即使尽得其长,仅得工力悉敌。况虎之利爪锯牙,亦人之所能学耶?"客不悦,曰:"子之所论者,陈法耳,仆之所言者,乃当时制虎之急务也。我披虎衣以入其类,虎必以我为同侪而不忌,可以与之耳鬓厮磨,然后乘间以刺之,岂非用力少而成功大乎?"于是令然其说,而使之数月习成,请于令,入山捕虎。其日,令率将士以为援,都人士随而观者无数。至山中,见虎正负嵎此数人以前。虎遥望之,初亦见其形似,意为同类。及渐进,虎谛视之,曰:"异哉,此虎皮人质也,比何为斯而来是? 必有异。"行愈近,跳跃伏地,作虎吼。虎曰:"此一吼,即余之先声夺人也,是必有以图我矣,且静以观之。"又见其伏其虎足,低其虎头,缩其虎项,竖其虎目,森森然作扑攫之势。虎曰:"噫! 此即余之搏人,欲擒先纵之势也,是不可缓矣!"乃大声呼啸。山风震地,林木为摧。此数人皆魄散魂消,早落于深崭之下。令亦抱头鼠窜而回。前之难者进曰:"夫捕虎犹用兵也,一国有一国之制,号令、阵法、旗帜、器械各有所长。昔战国时,秦最强。六国与之战,屡败,不闻变异其号令、阵法、旗帜、器械,一一似秦以求胜。有之,自赵武灵王始。变胡服便于习骑射,以与匈奴地相接,俗相同,故易服饰,改器械,未见其号令、阵法亦从而易之也。昔晁家令言兵事,以为匈奴地形、技艺与中国异。故曰秋高马肥,驰逐于沙漠之间,匈奴之长。狭巷短兵白刃相接,中国之长。凡用兵者,当避其所长,攻其所短。其长也,思所以御之。其短也,思所以制之,斯可以获胜。若事事步趋,吾恐虎未死而为虎笑矣。"[1]

---

[1] 梦坡:《捕虎说》,《游戏报》,1898 年 8 月 30 日。

登载陈范《捕虎说》的游戏报

李伯元

这篇《捕虎说》是目前所见陈范公开发表的第一篇文章,以亦步亦趋的捕虎者讽喻维新变法照搬西方,显然有所针对。但是更值得关注的是这篇文章透露一个非常重要的信息,即这时尚在常州的陈范已经同上海报界发生了关系,而《游戏报》的主人李伯元极有可能是陈范同上海报界发生关系的中介。

李伯元,生于1867年,名宝嘉,字伯元,号南亭亭长,笔名游戏

主人、讴歌变俗人、二春居士等,出生在江苏武进(今常州)。中过秀才,
后来上海,被聘为《指南报》(1896 年创办)主编。他在业余时间自己又
办了《游戏报》。这份报纸非常有特色,重在趣味性,"以诙谐之笔,写游
戏之文",这是一份真正大众化、世俗化的报纸,内容无所不包,"士农工
商,强弱老幼,远人逋客,匪徒奸尻,娼优下贱之侪,旁及神仙鬼怪之事,
莫不描摹尽致"。李伯元也极具有市场眼光,懂得如何制造新闻热点,
吸引更多的人购买报纸。如《游戏报》独家发布"花榜",〔1〕并在报上
印选票,结果报纸销量增至万份以上,沪上喜欢舞文弄墨的文人也争
相投稿。李伯元还非常擅长写作,同时代的孙玉声称赞他"为文典赡
风华,得隽字诀。而最工游戏笔墨,如滑稽谈打油诗之类,则得松字
诀。又擅小说,形容一人一事,深入而能显出,罔不淋漓尽致,是又得
刻字诀"。〔2〕他创作的《庚子国变弹词》《海天鸿雪记》,风行一时。
《游戏报》开创了小报的繁盛时代,此后,仿效者踵起。

关于陈范在《游戏报》上发表文章的缘由以及陈范与李伯元是否有
熟悉或者有交往,目前在陈范留下来的各种诗文和亲友的追述当中,并
未发现相关的资料,但是可以肯定是以陈范家族在常州和江南士绅当
中的地位,同为常州人的李伯元与陈范之间即使不是交往密切的朋友,
也极有可能通过熟人引荐而相互知晓。李伯元的成功很可能鼓舞了在
常州闲居的陈范,大约在 1898 年 11 月,即《捕虎说》在《游戏报》上发表
几个月后,陈范来到了上海,并且接办了一份报纸——《苏报》。

二、接办《苏报》

19 世纪末的上海,已开埠通商 50 余年,是中国经济最为发达的
城市和人口近百万的远东大港,同时也是中国出版业和报刊业等文
化事业最为发达的地方,拥有书局、报馆等各种文化机构。陈范来沪
前后,正值维新思潮兴盛之时,上海报刊业更是呈现前所未有的繁荣
景象。仅就中文报刊而言,除了原有的《万国公报》(前身为 1868 年

---

〔1〕 指以投票办法评选当红妓女。
〔2〕 孙玉声:《李伯元》,见孙玉声著《退醒庐笔记》,民国笔记小说大观(第一辑),山
西古籍出版社 1995 年版,第 109 页。

创办的《中国教会新报》,1874年改为《万国公报》)、《申报》(1872年)、《字林沪报》(1882)、《新闻报》(1893年)之外,仅戊戌维新时期新创办的报纸,除了前文提及的《时务报》和《指南报》之外,还有《苏报》《苏海汇报》《集成报》《粹报》《蒙学报》《演义白话报》《格致新报》《时务日报》《女学报》等30余种。

报刊等新式文化事业的发达、兴盛为晚清时期无法进入仕途的落魄读书人提供了谋生和发展的机会。早在1849年,近代史上著名的维新思想家王韬(1828—1897)就从苏州来沪,在传教士所办的墨海书馆担任"秉笔华士",协助传教士伟烈亚力译书,编《六合丛谈》。而此前,其父王昌桂也曾"佣书沪上",协助传教士翻译西书。同样来自苏州的沈毓桂(1807—1907)经王韬介绍,一度在墨海书馆协助传教士艾约瑟译书,后入传教士林乐知等所办的中文报刊《中国教会新报》担任主笔。据研究,随着上海报刊业和出版业的日渐发达,1895年至1898年间,在上海报刊业从业的读书人(西方学者柯文等称之为"口岸知识分子",此处权且称之为"新式文化人")有500名左右,已具有一定的规模。[1]

王韬　　　　　　　　　　沈毓桂

〔1〕 参见熊月之主编《上海通史·晚清文化》一书相关内容,上海人民出版社1999年版。

陈范来上海后,也加入了这批新式文化人的行列。他与其妹夫汪文溥合股接办了一份报纸——《苏报》,陈范由一名清政府的落职官员一变而为苏报馆馆主。

《苏报》创办于1896年上半年。据"盛宣怀档案"所收"苏报馆章程",这家报馆的馆主是日本女子生驹悦,经理是其丈夫中国人胡铁梅。据说生驹悦"昔者曾入平康籍,为日人所不齿。铁梅涎其略有积蓄,遂娶以为妇"。[1] 而胡铁梅即胡璋,[2] 办《苏报》之前,在沪靠卖字画为生,曾经去过日本,"因书画生涯不及曩年之盛,忽发奇思,与生驹悦私议开设苏报馆于四马路"。[3] 由此可以看出,《苏报》名义上是一份日本人的报纸,而报馆的实际主持人是胡铁梅。创办报馆的总股本为7 000元。馆址设在上海公共租界四马路(今福州路)。1896年6月26日,《苏报》正式发行。

光绪二十一年十二月苏报馆股份章程

[1] 剑胆琴心室主:《为诬谤者告》,上海档案馆编《盛宣怀档案选编》(99),上海辞书出版社2014年版,第479—483页。

[2] 据《海上书画名家图典》,胡铁梅即胡璋(1848—1899),安徽桐城人。工山水、人物及花卉画,久寓沪上,曾游日本,画名甚噪。参见《海上书画名家图典》,第42页。

[3] 剑胆琴心室主:《为诬谤者告》,上海档案馆编《盛宣怀档案选编》(99),第479—483页。

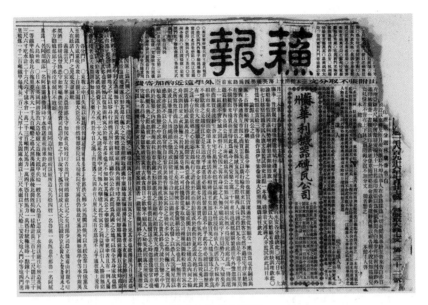

创办之初的《苏报》

　　《苏报》馆主和经理一为出身低微的风尘女子，一为落魄文人，由他们主持经营这家报馆似乎注定了难有很高的品味。其时沪上一位名声狼藉的文人邹弢曾经担任该报的主笔。邹弢（1848—1930），号翰飞，初号潇湘馆侍者，改号瘦鹤词人，晚号酒丐，江苏无锡人。王韬弟子，工诗词，尤擅说部、杂著。[1] 报纸出版后不久，就因登载内容涉嫌敲诈和诽谤而引来一系列纠纷，曾经一度被法租界会审公廨判处禁售，导致其陷入经营困境，不得不出售。而此时来上海的陈范和妹夫汪文溥出资 5 000 两银子（或银元），从胡铁梅夫妇手中购得《苏报》及其机器设备，又花费 3 000 两银子（或银元）添置了铅字等。[2] 陈范接办《苏报》的具体时间是 1898 年

────────────

　　[1] 参见熊月之主编《上海名人名事名物大观》，上海人民出版社 2005 年版，第114 页。

　　[2] 1912 年 5 月，陈范向沪军都督府提出返还苏报案中被上海道台没收的机器设备的请求，提到当年从胡铁梅手中购买《苏报》及其设备的情况："此项机器铅字等系从前梦坡、幼安经手接购胡君铁梅之件，原价为五千金，嗣后添置铅字及生财等，又费三千金。"见《〈苏报〉旧主人呈沪都督文》，《民立报》，1912 年 5 月 2 日第 10 版。此处"金"应指当时同行的货币"银子"或"银元(墨西哥银)"。

瘦鹤詞人

鄒弢瘦飛酒人蘇翰號詞號六歲無
字又鶴又丐四江錫十

邹弢像。（图片来源：
《自由杂志》1913 年第 1 期。）

10 月 3 日（光绪二十四年八月十八日）。此后直至 1903 年 7 月初因"苏报案"被查封，陈范与妹夫汪文溥一直经营《苏报》。

陈范为何接办《苏报》，除了生计的考虑之外，是否还有其他动因？在陈范本人留下的资料当中，对此未曾提及，而苏报案的亲历者章太炎等人对此则说法不一。如章太炎在《邹容传》中称："清铅山县知县陈范以事免官，欲报仇清政府，设苏报馆于上海，颇诋诹政府丑事。"[1]依照章氏的说法，陈范办报，是出于对清政府的私怨，这应是由陈范的被革职官员的身份背景而想当然的揣测。而章士钊说陈范是"愤官场之腐败，思以清议救天下"。[2]汪文溥在陈范去世后曾写有纪念文章《蜕盦事略》，提到陈范邀请他一起合股《苏报》时，表示"中国在势当改革，而康君所持非也，君盍以偕我以文字饷国人，俾无再入迷途"。[3]章士钊和汪文溥的说法比较相近，笔者也认为章士钊和汪文溥所言陈范接办《苏报》的原因可能更接近陈范的真实心态。汪文溥是陈范的妹夫，与陈范相知甚深，也是陈范接办《苏报》的合伙人。陈范接办后的《苏报》后，将报馆由福州路迁至汉口路 27 号。上海老报人、小说家包天笑曾回忆迁至汉口路的苏报馆的情况：

---

〔1〕 章太炎：《邹容传》，汤志钧编《章太炎政论选集》，中华书局 1977 年版，第 354 页。
〔2〕 陈汉侠：《蜕庵遗事之一》，王敏编校《陈范集》，第 189 页。
〔3〕 兰皋：《蜕盦事略》，王敏编校《陈范集》，第 179 页。

陈范接办后出刊的《苏报》

那时的苏报是怎样的呢？说来真是寒伧得很,开设在英租界棋盘街一家楼下,统共只有一大间,用玻璃窗分隔成前后两间。前半间有两张大写字台,陈梦坡与他的公子对面而坐,他自己写写论说,他的公子则发新闻,有时他的女公子(指陈撷芬)也来报馆,在这写字台打横而坐。她是一位女诗家,在报上编些诗词小品之类,所以他们是合家欢,不另请什么编辑记者的。

再说那后半间呢,一边是排字房,排列几架乌黑的字架;一边是一部手摇的平板印报机……这排字房与机器房,同在一房,真有点挤了。前半间沿街是两扇玻璃门,玻璃门每扇上有苏报馆三个红字。推门进去,有一小柜,柜上有一块小牌,写着:广告处。〔1〕

---

〔1〕 包天笑:《钏影楼回忆录》,(香港)大华出版社 1971 年版,第 182 页。

时年 39 岁的陈范接办《苏报》，除了藉此谋生的考虑之外，如同晚年的王韬一样，以此安身立命，开创一个新的事业，这应是陈范接办《苏报》最主要的动因，也是他在落职之后的新的人生选择。

三、加入沪上新知识群体

接办《苏报》，这只是陈范社会身份的改变。与此同时，对于陈范的人生更重要、影响更大的一个转变也随之发生，这就是陈范来沪之后，与沪上的新知识群发生联系。

"新知识群"是指戊戌维新至庚子年间形成的知识分子群体，主要由留洋学生、国内学堂学生以及接受西学的开明士绅三部分人组成。[1] 他们的政治立场或是保皇，或是革命。陈范积极参与这个群体的一些活动，成为一名与时俱进的新派人物。

陈范的这一转变，因其思想原本不守旧，这是重要的内在原因；另一方面，也同当时陈范来到一个全新的环境有非常大的关系。上海不同于陈范任职的处于内陆的江西铅山县，也不同于陈范的家乡常州。自 1843 年开埠通商以来，随着外国租界的设立和书局、报馆等新式文化机构的发展，上海逐渐成为中国西学传播的中心和新思想、新思潮的酝酿和传播基地。陈范来上海之时，恰逢戊戌政变之后，包括维新派和革命派在内的新派知识分子汇聚上海，上海也因此成为他们开展政治活动的重要据点。陈范来沪后的几年当中，聚集在这里的新派人士就先后发动过一系列有全国影响的运动：1899 年1 月，时任上海电报局总办的经元善联合上海绅商士民 1 231 人公电北京，反对慈禧太后等废黜光绪，另立储君；1900 年 7 月 26 日（光绪二十六年七月初一），谭嗣同的挚友、维新志士唐才常约集上海维新人士 80 多人，在愚园南新厅召开会议，宣布成立"中国国会"；1901 年起，为抵制沙俄霸占东北，上海的新派人士又多次在张园集会演说，发起拒俄运动。这时的上海已是中国政治的前沿和晴雨表。虽未发

---

〔1〕 桑兵：《清末新知识界的社团与活动》，北京师范大学出版社 2014 年版，第166—167 页。

现陈范亦参与上述活动的相关资料,但可以肯定的是,身为《苏报》馆主的陈范对发生在上海的一系列事件一定高度关注,并对其自身有所影响,这从陈范支持女儿陈撷芬办《女报》(后改为《女学报》)即可反映出来。

陈撷芬(1883—1923)是陈范的长女,陈范的原配袁氏所生,曾入传教士在上海所办的女子学校中西女塾读书。大约在1902年,陈撷芬从中西女塾肄业。陈撷芬深得父亲钟爱和器重,曾作诗夸赞她"两男性顽钝,惟此女表表"。陈范对女儿也有很高的期许:"支那女中杰,舍君谁复蹈?"〔1〕陈撷芬颇有才能。1899年底,年仅16岁的陈撷芬就创办以宣传女学为宗旨的《女报》。《女报》随《苏报》附送,并且编辑所也在苏报馆。

陈撷芬创办的《女报》并非是横空出世,而是接续了戊戌维新时期经元善等维新人士在上海的兴女学活动。

经元善(1840—1903),浙江上虞人,字莲珊。早年随父在上海经商。1880年被李鸿章委任为上海机器织布局会办,1882年盛宣怀创设电报局,经元善任上海电报局会办、总办。1898年5月,经元善在谭嗣同、张謇、黄遵宪等人的资助下,在上海城南高昌庙桂墅里正式成立近代中国第一所女学堂——经正女学(后改为"中国女学堂")。此后,又成立中国女学会,并于1898年7月24日,创办中国女学会机关报《女学报》,倡导兴女学。1899年1月,因通电反对朝廷废黜光绪,另立储君,经元善被通缉,逃往澳门,中国女学堂和《女学报》停办,中国女学会解散。但是在这年的冬天,陈撷芬继起,创办《女报》。在戊戌变法被镇压、维新思想被保守派清算之时,以兴女学为宗旨的《女报》在上海的创办,有着非同寻常的意义,可以说这份《女报》正是《女学报》精神的继承者。

《女报》以"感发天下女子向学之心""劝导女学"为宗旨,设论说、传序、来稿等栏目。编辑所设在汉口路苏报馆内,陈撷芬自任主编兼主要撰稿人。出满9期后,于1903年2月改名《女学报》。苏报案

---

〔1〕 陈汉侠:《蜕庵遗事之一》,王敏编校《陈范集》,第189页。

后,陈撷芬随陈范逃亡日本,《女学报》在日本发行第 4 期,后未再见出版。陈撷芬和《女报》/《女学报》在近代中国女权运动史和报刊史上具有重要地位,陈撷芬是近代中国最早的女报人之一,也是中国女权运动的先驱之一。

陈撷芬办《女报》/《女学报》应该得到了陈范的大力支持。而且在 1902 年春天,蔡元培等人筹备上海女学会时,陈范也积极参与。据蔡元培回忆:

> 民国纪元前十年,余在南洋公学任教员。是时反对清廷议立大阿哥之经莲三先生[1]尚寓上海,而林少泉先生[2]偕其妻子林××夫人及其妹妹林宗素女士自福州来,均提倡女学。由余与亡室黄仲玉夫人招待,在登贤里寓所开会,到会者除经、林二氏外,有韦氏增佩、曾瑛两女士,吴彦复偕其女亚男、弱南及其妾夏小正三女士,陈梦坡先生偕其女撷芬,及其二妾蔡(青缃)蔡××三女士。[3]

据研究,登贤里蔡元培寓所的会议召开的时间是 1902 年 4 月初前后。陈范及其女儿陈撷芬和陈范的两个妾参加了这次会议。陈范还在这次会上发表提倡女学的演说。

上海女学会酝酿成立之时,就计划开设一所新的女子学堂——上海爱国女学校。因此,上海女学会成立后,筹备成立爱国女学。仍据蔡元培回忆,1902 年 4 月登贤里蔡寓会议之后,"于是有开办女校的计划。到这一年的冬季,就由我与蒋、陈、林、吴诸先生开办这所女学校了"。[4] 此处蒋、陈、林、吴是指蒋观云、陈范、林獬和吴君遂,他们是爱国女学创办最主要的倡议者。此外,在爱国女学创办当中,还有两位非常重要的人物,即乌目山僧和罗迦陵。

---

〔1〕 即经元善,字莲三。
〔2〕 林少泉即林獬(1874—1926)。笔名白水,福建闽侯人。近代中国著名报人。1902 年来上海前,曾经在福州提倡女学,创办"闽中女学会",在杭州创办《杭州白话报》。
〔3〕 蔡元培:《爱国女学三十五年来之发展》,高平叔撰著《蔡元培年谱长编》(上),人民教育出版社 1996 年版,第 235—236 页。
〔4〕 《爱国女学二十五周年纪念会演说词》,《蔡元培自述》,哈尔滨:北方文艺出版社 2012 年版,第 181 页。

乌目山僧(1865—1921)，俗姓黄。江苏常熟人。16 岁时在清凉寺出家，拜药龛和尚为本师，赐名宗仰。常熟境内有名胜虞山，又名乌目山，因此黄宗仰又自名乌目山僧。后结识来镇江江天寺进香的上海富商哈同之妻罗迦陵，并应其约来沪。黄宗仰不同于一般和尚，他关心政治，鼓吹革命，并与章太炎等交往密切。因其与罗迦陵的特殊关系，因此爱国女学成立时，他出面向罗迦陵筹集经费，罗迦陵"慨任开办"。[1]

罗迦陵除了捐助开办的费用外，还每月有所赞助。9 月 2 日，爱国女学开办简章公布，并在登贤里租校舍（1902 年 11 月爱国学社创立后，爱国女学才迁往福源里）。1902 年 10 月 24 日，爱国女学正式成立。据《爱国女学校章程》，该校"以教育女子，增进普通知识，养成母师仪范，而使能铸造国民为目的"。所招学生 12 岁以上、25 岁以下。每月学费 2 元。膳宿费另算。分预科和本科两个学级。预科以学力深浅分两期毕业，一期一年，二期两年。所设科目：第一

罗迦陵

年：修身及卫生、国文、习字、数学、体操。第二年：修身及卫生、国文、习字、数学、历史、地理、理科浅说、唱歌、图画、体操。本科分文理科二部。文科所设课程：伦理、心理、国文、外国文、数学、历史、地理、家事、教育、唱歌、图画、体操。理科：伦理、国文、外国文、数学、历史、地理、博物、物理、化学、教育、裁缝、唱歌、图画、体操。[2] 开办之初，所招收学生都是发起人的眷属，其中也包括陈范的两位妾。

〔1〕《罗迦陵女士传》，《新民丛报》，1903 年第 25 号。
〔2〕《记上海爱国女学校（附章程）》，《女学报》，1903 年第 4 期。

担任教员的是蔡元培、王小徐、叶浩吾、吴稚晖、蒋维乔等人。校长为蒋观云,但蒋担任校长不满一个月即赴日,蔡元培继任校长。苏报案发生后,爱国学社解散,但爱国女学仍继续办学,后发展成为近代上海著名的女子学校。

上海爱国女学师生合影

　　爱国女学教员的名单当中,虽然未见陈范列入,但陈范与爱国女学的关系十分密切,除了陈范的两位妾和陈撷芬是爱国女学学生之外,陈范还是爱国女学所的经理人。

　　陈范参与新派人士的活动,同蔡元培有很大的关系。蔡元培在戊戌政变之后离京,回到家乡绍兴。1901年5月来上海,应邀短暂代理澄衷学堂监督之职。6月7日,蔡元培曾前往苏报馆,拜访陈范。因陈范哥哥陈鼎是蔡元培参加1889年恩科考试时浙江乡试的副考官,与陈家有世交,因此蔡元培在日记中称陈范为"世叔"。[1] 9月,蔡元培被聘为南洋公学特班总教习,此后蔡元培开始

　　　[1] 据蔡元培1901年6月7日日记:"到《苏报》馆,访陈范(梦坡)'世叔'。"参见高平叔撰著《蔡元培年谱长编》上,第206页。

常住上海，并且成为上海新派人士的核心人物。非常可能正是因为同蔡元培的这层关系，陈范逐渐进入上海新派人士的圈子。在参与新派人士提倡女学、办女学堂的同时，陈范还参加了与上海女学会差不多同时成立的中国教育会。加入中国教育会，这对陈范意义非同寻常，他的人生由此进入一个非常重要的转折，而他所主办的《苏报》亦因此进入一个全新的阶段。本书在"陈范与'苏报案'"一章中将对陈范加入中国教育会的情况详细介绍，此处不展开叙述。

四、陈范接办后的《苏报》

从 1898 年 10 月初接办《苏报》到 1903 年 7 月 6 日《苏报》被查封，陈范主持《苏报》有四年半的时间，发行过 1 600 余期。可惜的是，目前这 1 600 余期中，仅不到 200 期《苏报》存世，即 1903 年 2 月 27 日之后至 7 月 6 日以及 1898 年至 1899 年 7 月之前的近 60 份存世（其中三分之一为残页）。因此，从 1898 年 10 月陈范接办至 1903 年 2 月 27 日之前的 4 年间《苏报》的基本情况，目前所发现的相关资料相当有限，不足以反映《苏报》的栏目、内容以及特色和影响。但是通过"全国报刊索引数据库"[1]和《申报》数据库（爱如生），可以检索到与《苏报》同时期的报刊转载（引）的《苏报》的内容。这些转载（引）《苏报》的报刊分别是《湖北商务报》《知新报》《江南商务报》《南洋七日报》《北京新闻汇报》《选报》《商务报》《新民丛报》等，转载（引）总量约 300 余篇（详见表一）。虽然各报的转载（引）在《苏报》所登载的全部内容当中只占很小的比例，但应该是《苏报》所登载的内容当中最受关注或者是最能够体现《苏报》特色的部分。通过对各报转载（引）《苏报》的内容梳理及其他相关情况的分析，大致可以反映出苏报案之前的《苏报》的特色以及变化情况。

---

[1] 上海图书馆制作，包括晚清期刊篇名数据库、晚清期刊全文数据库、字林洋行中英文报纸全文数据库和《新闻报》数据库。

1899年,也就是陈范接办《苏报》的第一年,《苏报》的被转载(引)情况比较特殊,不但被转载(引)量是历年当中最少的,[1]而且被转载(引)的内容主要是国内商业信息,而转载的报刊仅见官办的《湖北商务报》。这种情况的出现,一方面可能同戊戌政变后清政府镇压维新运动,取缔报刊,因此报刊大幅减少有关;另一方面也不排除陈范接手后,短时间内《苏报》还找不到读者定位,因此办得没有起色,不受关注。

从1900年起的各年份当中,从被转载情况可以反映出这时的《苏报》开始有明显变化,这就是此前几乎不见的政治新闻和政论性、时论性内容多起来。1900年,《苏报》对时政的关注度似乎相当高,在《知新报》[2]转载的60余篇文章当中,关于政治新闻50余篇,而登载在"京师新闻"栏目内的关于清廷动向的新闻有10余篇,[3]并且还对朝政问题发表评论,发表的《建储私议》被《知新报》(1900年第114期)和《清议报》(1900年第36期)转载。这一年,《苏报》还发表了一些颇受关注的时论,如《人皆有自强之责说》(《知新报》第125期)、《惜逝篇(哀唐烈士也)》(《知新报》第127期)、《独立山人上李傅相书》(《知新报》第125期)、《译日本竹越君中国人种侵略世界篇》(《知新报》第117期)。1901年以后,《苏报》对清政府正推行的新政和中外关系很关注,发表了一些评论,如《论设立学堂之宗旨》(《南洋七日报》[4]第4期)、《论俄日将联盟之关系》(《南洋七日报》第7期)、《论求治宜重牧民职守》(《南洋七日报》第10期)、《论课吏宜讲

〔1〕据笔者统计,陈范接办《苏报》之前的近二年半时间,即从1896年6月《苏报》创刊至1898年10月转手给陈范,共有500余篇被各报转载,这些被转载的内容主要是国内外商业的信息及中外交涉、国外社会新闻等。
〔2〕《知新报》,1897年2月维新派在澳门创刊。目前所见最后一期1901年1月。
〔3〕1900年《知新报》转载自《苏报》的政治新闻内容如下:《帝党近事:议员问答》(第112期);《贼党近事:植党练兵》(1900年第113期);《帝党新闻:忠义激发》(1900年第114期);《贼党近事:纷纷封奏》(第115期);《废立要闻汇志》(1900年第117期);《帝党近事:召见纪闻》(第117期);《贼党近事:臭味相投》(第118期);《贼党新闻:贼臣豪侈》(第122期);《废立余闻:无复朝议》第125期;《京师新闻:联名速驾》(第127期)。
〔4〕《南洋七日报》,1901年9月在上海出版,以时事为主,兼及数学、教育、史地各科的综合性杂志,现存最后一期为1902年4月出版。

交涉公法》(《南洋七日报》第 13 期)、《新政始于治乡议》(《南洋七日报》第 13 期)、《版权宜归重公会说》(《南洋七日报》第 14 期)、《论各国干预满洲之约》(《南洋七日报》第 16 期)等。及至 1902 年,即"苏报案"发生的前一年,《苏报》发表的论说内容更为丰富,如关于中外关系和国际关系,发表《感英日联盟事》(《南洋七日报》第 22 期)、《论英日对待中国政策》(《南洋七日报》第 23 期)、《论各国公办满洲矿务》(《南洋七日报》第 26 期)、《论德美宜有联约》(《南洋七日报》第 26 期)、《论法俄订结同盟始末》(《南洋七日报》第 27 期)、《论商约重于合约》(《选报》第 18 期)、《帝国主义之得失如何》(《选报》[1]第 36 期);关于新政当中的教育等问题,发表《论编译学堂教科书之亟》(《南洋七日报》第 21 期)、《变法不患无经费论》(《南洋七日报》第 23 期)、《论扩充商会以兴学为本》(《南洋七日报》第 24 期)、《论东洋留学生》(《南洋七日报》第 29 期);关于西方思想的介绍,发表《民权之界说》(《选报》第 30 期)、《国家文明野蛮之界说》(《选报》第 38 期)。值得特别关注的是,西方民权思想第一次出现在《苏报》被转载(引)的论说当中。此外,《苏报》所登载的关于南洋公学学潮、浔溪公学学潮的新闻亦被转载,《书中外日报记南洋公学学生出学事后》(《选报》第 35 期)、《南洋公学学生一朝而同心退学者二百人》(《选报》第 35 期)、《浔溪公学第二次冲突之原因》(《选报》第 35 期)。

依据这些被转载(引)的内容所传递出的信息,还是可以看出自 1901 年起,即苏报案发生前两年,《苏报》已表现出对时政的高度关注。

那么《苏报》的影响和在当时报界的地位如何?仅依据《苏报》的被转载(引)情况,尚不足以做出判断。因此笔者又把《苏报》被转载(引)量与当时上海的其他中文报纸《申报》《新闻报》《字林沪报》和《中外日报》的被转载(引)量作了对比。

---

〔1〕 1901 年 11 月创刊在上海出版的文摘性刊物。蒋智由主编。创刊号上有蔡元培的序言。现存最后一期 1903 年 9 月出版。

表一　1899—1902 年主要中文报纸被转载(引)表

年份/报刊	苏报 (1896—1903)	申报 (1872—1949)	新闻报 (1893—1949)	字林沪报 (1882—1908)	中外日报 (1898—1911)
1899	55	46	83	58	未见转引(载)
1900	156	84	299	137	177
1901	59	58	168	82	15
1902	59	37	179	59	27
总计	329	225	729	336	217

注:1903 年有 19 篇被转载(引)。出于这两年的被转载情况不具有统计意义的考虑,因此未列入本表格。

就被转载(引)量而言,《苏报》一直不及《新闻报》,但自 1898 年至 1902 年的各年份当中,均超过《申报》,与另一份同时发行的中文报纸《字林沪报》的被转载(引)量相近。《中外日报》是维新派所办的著名报刊,创办于 1898 年。在刚创办的前两年当中,未见被转载(引),直到 1900 年,才发现有被转载(引),并且这一年的被转载(引)量略高于当年《苏报》的被转载(引)量。但此后的两年,即1901 年和 1902 年,《中外日报》的被转(引)载量低于《苏报》,而且三年的总转载量(219 篇)也低于《苏报》(329 篇)。综合自《苏报》创办至 1902 年被上海各报的转引情况,大致可以判断出《苏报》的受关注度和影响虽不及《申报》和《新闻报》,但是应该超过《字林沪报》和《中外日报》。

另据陈撷芬的挚友陈超作于 1903 年初的一首诗《呈梦坡先生并示撷芬吾友》,[1]曾写到当时陈范所办《苏报》受欢迎的情形:

吾宗南岳叟,怀抱卞和玉。

出现宰官身,傲岸忤当轴。

退去乐林泉,居恒多抑郁。

来作春申游,议论日盈幅。

---

[1]《女学报》,1902 年第 2 卷第 1 期。

每借人酒杯,块垒浇满腹。

大声每疾呼,狂歌时当哭。

纸价贵洛阳,海内风行速。

这首诗中的"南岳叟"就是指陈范。当然,诗中所描述的"纸价贵洛阳,海内风行速"很可能有夸大的成分,但可以肯定的是在陈范接办后,《苏报》不再是一份胡铁梅—生驹悦时期的市井小报,在报界已有一定的影响和地位。19 世纪末 20 世纪初,报刊正在中国兴起,而当时的上海,又是中国报刊业最为发达的地方,拥有许多的中外文报刊,陈范主持的《苏报》亦能够跻身其中,成为当时上海最主要的五份报纸之一。而 1903 年发生的苏报案,不仅使《苏报》和陈范于兹时名扬天下,更使之青史留名。

第四章 陈范与"苏报案"

1903 年 7 月 7 日,《苏报》因宣传反清革命被上海租界当局查封,而在此前的一周,即 6 月 30 日,章太炎在爱国学社被捕,次日,邹容投案。7 月 3 日,陈范逃往日本。这就是轰动一时的"苏报案"。苏报案的发生同《苏报》的激进化、革命化有直接关系。

一、中国教育会、爱国学社与 《苏报》的激进化

前文已述及,自 1902 年春天起,陈范已出现在新派人士组织的上海女学会的活动中。而在上海女学会筹备之时,一个在晚清十分重要的新知识群体所组织的社团——中国教育会也正在酝酿当中,陈范曾参与其事。

(一) 陈范与中国教育会

据蔡元培日记记载,1902 年 4 月,蔡元培、叶瀚、蒋智由等新派人士在筹备上海女学会的同时,已在酝酿成立中国教育会。15 日,蔡元培等在余庆里"方议开教育会",20 日,议定中国教育会章程。据该章程,教育会"以教育中国男女青年,开发其智识,而增进其国家观念,以为他日恢复国权之基础为目的","置本部于上海,设支部于各区要之地"。27 日的会议上,蔡元培被推举为会长。5 月,召开中国

教育会成立大会。〔1〕入会者"或为学校师,或为编译员,或为新闻记者,或为学生",〔2〕"都是海上及内地顶有名望的人,总共也聚了一百多人"。〔3〕这百余名会员当中,就包括陈范。

中国教育会并非是新派人士所办的普通的教育机构。据研究,这个组织不拘泥于发展教育,而是有一个秘密革命核心,其意图是以当时最为风行的兴办教育的名义,以学校为培养革命力量的基地,展开宣传组织活动。教育会参加者多的时候有百余人,少的时候为十数人,并以江浙籍人士居多。教育会的总事务处设在南京路泥城桥福源里 21 号,在江浙一带设分支。教育会内部存在激进和温和两派。激进派以蔡元培为代表,主张以学校为革命秘密机关;温和派以叶瀚〔4〕为代表,主张纯粹办教育,以培养国民。但是温和派与以改良抵制革命的保皇派不同,他们主张改良只是为革命创造条件。温和派主要是戊戌以后一直活跃于江南政坛的开明士绅,他们大都从事文教新闻活动,在变法失败和庚子国耻的刺激之下,其反清情绪日益激化,革命锋芒逐渐锐利。教育会的成立,就是他们革命化趋势日益增强的具体表现和直接产物。〔5〕陈范应为教育会中的温和派。

中国教育会在创办之初,即注重办学。前文所述爱国女学的创办,就是教育会的成果之一。此外,1902 年 7 月,日本发生成城学校入学事件,教育会也很关注,并且试图在帮助中国学生留日问题上有所作为。

日本成城学校事件的起因是一批由吴稚晖带领的中国自费留学生希望进入日本的陆军士官生学校学习军事,但是该校规定,进入该

---

〔1〕　详见蔡元培 1902 年 4 月 15—27 日记。参见高平叔撰著《蔡元培年谱长编》上,第 236—240 页。

〔2〕《告中国教育会》,《俄事警闻》1903 年 12 月 22 日。转引自桑兵:《清末新知识界的社团与活动》,第 167 页。

〔3〕《文明介绍》,载《中国白话报》1904 年第 7 期。转引自桑兵:《清末新知识界的社团与活动》,第 167 页。

〔4〕　叶瀚,字浩吾。上海教育会的创办人之一。上海格致书院肄业生。戊戌变法期间,与汪康年办浙学会。参加唐才常组织的正气会。1901 年,出任浔溪公学校长。

〔5〕　参见桑兵:《清末新知识界的社团与活动》(北京师范大学出版社 2014 年版,第 166—174 页)一书的相关论述。

校学习需要大清国公使馆做出担保,如果没有担保,则不准入学。时任中国驻日公使"揣摩(清)政府意志,不轻送汉人受军事教育,见吴君所率诸生意气颇激昂,愈不肯转请于政府,托词拒绝,屡去屡拒。最后一次,吴君与诸生留使馆不归,必待公使允许始离馆"。日本警方介入,将吴稚晖等逮捕,并将其遣送回国。适逢蔡元培赴日本游历,得知吴稚晖将被遣送后,由东京赶来神户,陪吴稚晖等返回上海。[1] 抵沪后,教育会在张园举行大会,"到会者百余人。稚晖登坛,备述颠末,慷慨激烈,淋漓尽致,述及政府腐败,丧失国权,听者皆为之愤怒"。述及蔡钧"举动乖谬,出语荒唐,又令人失笑,鼓掌之声,震动屋宇"。[2] 其后,教育会开会,教育会会员戢元丞提议派人赴日协商,将报送留日学生学习军事的权力由公使转归中国教育会,叶瀚则主张自办学堂以教子弟。但这两个方案均未实现,于是教育会办学事暂时搁置。但不久以后,南洋公学发生罢学风潮,教育会接纳南洋公学退学学生,创办了爱国学社,教育会自此进入其最有影响和大放异彩时期。

(二)"墨水瓶风波"与爱国学社的成立

"墨水瓶风波"是南洋公学罢学风潮的导火线。南洋公学为今上海交通大学前身,光绪二十二年(1896)由盛宣怀奏请朝廷设立于上海徐家汇,由轮船招商局和电报局划拨经费。盛宣怀为首任督办,设置了师范学院、外院、中院和上院四院。自1901年9月起,蔡元培任南洋公学特班总教习。其时南洋公学一位教习郭镇瀛思想守旧,禁止学生阅读梁启超所编《新民丛报》等新书刊,"每痛斥之,学生积不平"。1902年11月14日,郭镇瀛去上课时发现其座位上摆了一个墨水瓶,他厉声责问,但无人承认。课后郭镇瀛将一个年幼的学生杨之福叫去盘问,杨诬指与之平素不睦的同学伍正钧所放。郭据报总办汪凤藻,将伍正钧及两旁的陈承修、贝均等三人一并开除。五班同学开会决议,要求学校当局收回成命、辞退郭镇瀛、开除杨之福,否则情

---

[1] 见高平叔撰著《蔡元培年谱长编》上,人民教育出版社1996年版,第242—244页。

[2] 蒋维乔:《中国教育会之回忆》,《东方杂志》,1936年第1期。

愿全班退学。汪凤藻采取高压手段,斥学生为扰乱,将五班学生全体开除。结果引起全校公愤。几经交涉,均无效果。17 日上午,全校学生二百余人以退学相抗议,而"论者谓为子民平日提倡民权之影响,子民亦以是引咎而辞职"。[1]

南洋公学"墨水瓶事件"后部分学生合影

在蔡元培的建议之下,退学学生向中国教育会求助另办学校,于是教育会于 11 月 20 日召开特别会议。教育会认为退学学生有"共和国民之资格者,与本会会员理想相合无间",因此决定接受退学学生,成立爱国学社。[2] 根据《爱国学社之章程》,学社设总理一人,干事一人,学监一人,会计一人,教师若干人。与爱国女学一样,通过黄宗仰,爱国学社也得到了哈同夫人罗迦陵的支持。据吴稚晖回忆:"方南洋公学全体学生散出时,学生当然不名一钱,即少数教员,亦皆穷措大。有常熟黄宗仰先生,所谓乌目山僧者,方与犹太哈同罗夫人

---

〔1〕　见高平叔撰著《蔡元培年谱长编》上,第 242—244 页。
〔2〕　见高平叔撰著《蔡元培年谱长编》上,第 247 页。

相谑,即慨然指借泥城桥市屋为校舍。"此处"泥城桥市屋"即中国教育会总办事处南京路泥城桥福源里(8 幢西式房屋)。而初创时期爱国学社的经费,则由罗迦陵捐助一万元,[1]蔡元培从劁光典处筹借 6 000 元。[2]

1902 年 11 月 26 日,爱国学社举行开学典礼,蔡元培等致祝词,并发表演说。"当诸君演说时,拍掌之声几如八面春雷,途人为之驻足,亦足见诸君子血诚之鼓舞云。"[3]典礼结束后,全体合影。陈范参加了爱国学社的开学典礼,并出现在爱国学社开学典礼的合影当中。

爱国学社不是一般意义上的新学堂,其宗旨是"略师日本吉田氏松下讲社、西乡氏鹿儿私学之意,重精神教育,重军事教育,而所授各科皆为锻炼精神,激发志气之助"。[4] 松下村塾是吉田松阴教育年轻人的学校,这所学校培养出大约 80 名杰出的人物,曾对明治维新作出杰出的贡献,其中包括高杉晋作、久坂玄瑞、伊藤博文等人。西乡隆盛是日本明治维新时期著名的军事家和政治家,与大久保利通、木户孝允并称为"维新三杰"。

爱国学社的教学内容和教学形式,都不同于一般的新式学堂。据其时在爱国学社读书的俞子夷回忆:"学社章师太炎的《訄书》,同学们能读懂的没有几人,他坐着,轻声讲课,三楼大教室里每堂均坐满,无人迟到,非病倒,谁也不肯缺课。蔡师讲演技术并不高明,但他所讲课亦颇吸引学生。蒋师维乔也很受欢迎。在哈同夫人罗迦陵家里教佛经的宗仰师(俗姓黄,号乌目山僧)每星期有一次佛学演讲,阐述平等、大同等哲理中包含的革命意义,讲时大教室更挤得水泄不

〔1〕 关于经费,蔡元培与中国教育会其他人商量后,"决定请中国教育会的黄宗仰出面募捐办学校。黄宗仰是佛教界的头面人物,在他的影响下,曾请他为师的福建人罗迦陵女士捐助一万银元;蔡元培自己也去南京向劁光典借了六千元"。胡国枢等著《蔡元培》,浙江人民出版 1985 年版。
〔2〕 据吴稚晖回忆,"方南洋公学全体学生散出时,学生当然不名一钱,即少数教员,亦皆穷措大。……子民先生之长公子,即无忌君之兄,病方郑重,竟不暇顾,乘轮舶去南京,商借款项于劁先生光典……越三日,得三千元而归,爱国学社竟确立矣"。见高平叔撰著《蔡元培年谱长编》上,第 248 页。
〔3〕 《爱国学社开学志》,《选报》,1902 年第 35 期。
〔4〕 《爱国学社之章程》,《政艺通报》,1902 年第 22 期。

爱国学社开学日摄影(编号七"陈梦坡"即陈范)

通。从此'革命和尚'的雅号便传遍社内外。此时学员的学习态度大起变化,不论讲的内容或深或浅,讲的技术有巧有拙,课堂里各人注意集中,静心听受……大家醉心新学,一般文化科目外,有哲学、政治学、革命的佛学;英文也用'真公民'做课本。"[1]"学员们迫切希望自己成为文武双全的爱国者,对兵操的兴趣特浓……在未租得场地时,不论晴雨,各小队分头找院、走廊等空地认真练习,并轮任小队长,学喊口令……学社的学员有终日穿操衣上课者,甚至有出外亦不换便衣者。"[2]

在爱国学社的激励之下,1903年4月,南京陆师学堂也发生了罢学风潮。退学学生在章士钊带领下,来沪加入爱国学社,这使得爱国学社声势大振。之后又有从浙江高等大学堂和杭州陆师学堂退学学

〔1〕俞子夷:《回忆蔡元培先生和草创时的光复会》,陈平原、郑勇编《追忆蔡元培》,中国广播电视出版社1997年版,第100页。
〔2〕俞子夷:《回忆蔡元培先生和草创时的光复会》,陈平原、郑勇编《追忆蔡元培》,第101页。

生的加入,爱国社员由最初的50余人扩充至130余人。校舍和操场也随之扩大。[1]南京陆师学堂学生加入爱国学社之后,章士钊又教授爱国学社学生德国式兵操,并备木枪练习瞄准、射击。一些热心教员,一方面授课,另一方面与学生同受军事训练。蔡元培"亦剪发,服操衣,与诸生同练步伐",同样轮流做小队长,学喊口令,对师生鼓舞很大。[2]

差不多同时,留日学生邹容、张继等从日本回国,暂住在爱国学社。此时的爱国学社,可谓"群贤毕至、少长咸集"。据俞子夷回忆,"初时,大家只知道爱国,求学,什么都学,凡是新的都认真的学。在诸师教导下,日益关心政治,时事,民族意识也因而日益增强"。章太炎的《驳康有为论革命书》《逐满歌》和邹容的《革命军》"成为全体学员阅读,谈论,以至信仰的中心。"学社的风气亦开始大变,倡言革命已胜过求学,"上课时谈,课余时谈,社内谈不过瘾,"于是又去张园公开演讲,"除预定演讲者一二人外,任何人随时可上台讲,所讲问题不同,但中心思想总离不开排满革命。"[3]每次前往张园演说之时,"学员数十人,穿上操衣,成双行队伍沿静安寺路开正步走去走回,认真,热烈,大家的心目中,演讲会是一件大事,比功课不知重要多少倍"。[4]中国教育会与爱国学社也由此"自新学界中心转变为宣传革命的中心,斗争矛头对着清廷"。[5]

当时中国思想最激进的人物遭遇了意气风发的青年学生,激荡而成革命风潮,而陈范恰好就处于这场风潮当中。虽然未发现陈范也曾经为爱国学社学生授课的相关资料,但是陈范时常出入福源里,"中国教育会与爱国学社同在一处办公,会中经常有新学

〔1〕 参见陶英惠著《蔡元培年谱》(上),台湾中研院近代史研究所专刊(36),1967年,第107页。

〔2〕 俞子夷:《回忆蔡元培先生和草创时的光复会》,陈平原、郑勇编《追忆蔡元培》,第101页。

〔3〕 俞子夷:《回忆蔡元培先生和草创时的光复会》,陈平原、郑勇编《追忆蔡元培》,第101—102页。

〔4〕 俞子夷:《回忆蔡元培先生和草创时的光复会》,陈平原、郑勇编《追忆蔡元培》,第101—102页。

〔5〕 俞子夷:《回忆蔡元培先生和草创时的光复会》,陈平原、郑勇编《追忆蔡元培》,第102页。

张园安垲第

界名人出入来往,亦有暂时或长期留宿在亭子间的。现在记忆所及,有吴江柳亚子、金松岑,嘉兴敖梦姜,广西马君武,四川邹容以及《苏报》的陈梦坡等"。[1] 不仅如此,陈范在这场革命风潮的形成过程中,还扮演重要角色,这就是《苏报》适应这一潮流,在1902年冬,开辟了一个新的栏目——"学界风潮",此后又一发不可收拾:先由中国教育会蔡元培等人为《苏报》供稿,《苏报》事实上成为中国教育会的机关报,后聘请章士钊为《苏报》主笔,《苏报》日益激进,走上宣传革命之路。

（三）章士钊任《苏报》主笔:《苏报》宣传革命

1902年春,中国教育会成立时,陈范即是成员,但是他主持的《苏报》与中国教育会和爱国学社建立起联系,却是始于这年年底"学界风潮"栏目的设立。据"学界风潮"栏目的名称,似可推测这个栏目的设立应该同南洋公学的罢学风潮有关,南洋公学罢学风潮后又有浔溪公学等东南一带的新学堂接连发生罢学事件。极有可能当看到这些接连发生的罢学事件时,已接办《苏报》近三年的陈范凭借职业敏感,意识到其新闻价值,因此开辟这个栏目。正如章士钊所言"辛壬之间,江南学堂多事,该报承南洋公学以墨水瓶退学之余波,增辟

[1]　金林祥:《蔡元培教育思想研究》,辽宁教育出版社1994年版,第58页。

'学界风潮'一栏,藉资号召,声价大起。梦坡意动,思更以适时言论张之"。[1] 因1903年2月27日前《苏报》不存,因此对于这个栏目设立的确切日期,无从查考,陈范和汪文溥亦未留下相关的记述。目前存世的《苏报》原件,始于1903年2月27日,这一天的《苏报》,可以看到有"学界风潮"栏目,并且此后"学界风潮"栏目内容增加,分量加重,从原来第三、四版前移到第一、二版之间,特别是在1903年5月6日改版之后,"学界风潮"栏目常登载全国各地学堂甚至是日本学校学生动向,并连载江南陆师学堂、浙江大学堂学生退学风潮的情形。

设"学界风潮"栏目,这对于《苏报》具有标志性的意义,意味着《苏报》已汇入这个正在形成中的新知识界,新知识界中最有生气的成员——新式学堂的学生成为它的潜在的读者和作者,《苏报》亦由此成为正在酝酿当中的革命风潮的推动者,尽管此时身在潮流中的陈范可能对此还未完全意识到。

大约在"学界风潮"栏目开办后,《苏报》还有一个重要的步骤,使得《苏报》与中国教育会的关系更为紧密,这就是与教育会成员蔡元培等七人订约,由其轮流为《苏报》写论说。关于与双方订约的起因,一说是刚刚成立的爱国学社需要经费方面的支持,据蔡元培口述,爱国学社成立后,全校师生都议论时政,发表意见,毫无忌讳,舆论空气极为自由。而当时上海的舆论界,对他们的激烈言论,都持反对态度,吴稚晖乃主张另辟机关报,以为对抗。"复因学社仓促成立,经费不足,因与苏报订约,每日由学社教员撰论说一篇"。由蔡元培、吴稚晖和章太炎等7人轮流为《苏报》撰稿。《苏报》馆则每月赞助爱国学社一百元作为报酬。[2]

《苏报》与中国教育会的这个合作,对于双方都意义重大。对于教育会而言,可以在比爱国学社和张园远大得多的范围内传播新思

〔1〕 章行严:《苏报案始末记叙》,《辛亥革命》(一),上海人民出版社1957年版,第388页。
〔2〕 参见陶英惠著《蔡元培年谱》(上),台湾中研院近代史研究所专刊(36),1967年,第109页。

想;而对于《苏报》,则意味着报刊的言论立场的改变,不再是此前的温和的改良立场,渐趋激烈。翻阅 1903 年 2 月以后的《苏报》,可以发现,论说栏目中,以满汉矛盾为题的论说日渐增多,如《释仇满》(3 月 14—15 日)、《书今日新闻后》(3 月 12 日)、《异哉满学生,异哉汉学生》(3 月 14 日)、《论东京学生满汉之冲突》(3 月 26 日),有的甚至明确主张"破坏",如《论中国不免于破坏》(3 月 27 日)。并且公开批评清政府禁止新书刊,如《续论张督禁〈新民丛报〉》(3 月 6 日)等。

《苏报》设"学界风潮"栏目和请蔡元培等轮流撰写论说,身为《苏报》馆主的陈范当然是最主要的决策者,或者说这主要是出于他的决定。《苏报》与中国教育会建立起如此紧密的关系,固然同前面已提及的为《苏报》开拓稿源、谋生存有关,另一方面,此时的陈范至少认可或者说一定程度上接受了革命思想。

"学界风潮"设立后,《苏报》蜕变为主要面向以学界为主的新知识界的报刊,与日本的《新民丛报》相呼应,这在当时中国国内是绝无仅有的。但是《苏报》真正放言无忌,公然宣称革命,成为鼓吹革命的号角,是在 1903 年 5 月初聘请章士钊担任《苏报》主笔之后。

章士钊(1881—1973),字行严。中国近代史上的著名人物。1881 年 3 月出生于湖南善化的一个耕读之家。兄弟四人,章士钊排名第三,四弟章勤士,字陶严。章士钊幼读私塾,非常勤奋。1898 年,与四弟陶严赴武昌求学,就读两湖书院,开始关心政治。庚子事变和《辛丑条约》签订之后,他萌发反满思想,决心从戎救国,1902 年 3 月,携四弟陶严赴南京投考江南陆师学堂,以《无敌国外患者恒亡》一文,博得学堂总办俞明震赏识,被录取。在江南陆师学堂就学时,结识陈独秀。这一年,章士钊来沪,

章士钊

应是由于同为湖南人的关系,结识陈范,并且通过陈范的介绍,章士钊又结识清末名士湖南人吴君遂(吴宝初)。[1] 1903 年 3 月,受各地罢学风潮影响,江南陆师学堂亦发生罢学风潮,4 月初,章士钊率领罢学学生 30 余人来沪,加入上海爱国学社。

章太炎

在爱国学社,章士钊遇到了志同道合的章太炎和邹容。据章士钊回忆,当时"上海志士正在张脉偾兴,虎气腾上之候,"但却缺少相应的"前锋唇舌","雅不与真实潮流相称"。章士钊与邹容二人尝因此"连床太息,深以屠门不得,无由吐纳为憾"。尤其是《革命军》作者邹容,认为自己写的小册子宣传革命的效果有限:"革命非公开昌言不为功,将何处得有形势已成之言论机关,供吾徒恣意挥发为哉?"[2] 差不多就在这个时候,陈范邀请章士钊任《苏报》的主笔。

据《章士钊先生年谱》,章士钊结识陈范是在 1902 年。其时章士钊尚在江南陆师学堂就学。而二人相识,极有可能是因同乡关系,但具体情况,因缺少相关资料,目前尚不清楚。大约在 1903 年 4 月底或 5 月初,陈范邀请章士钊任《苏报》主笔,此时距章士钊由南京来沪入爱国学社不超过一个月。陈范为何会看重年仅 22 岁且相识时间不长的章士钊?据吴稚晖所言是因陈范"赏章行严之文才,图将其女陈撷芬配之而未言,即招章入馆而司主笔"。[3] 而据章士钊回忆:"时余以才逾弱冠之年,掉鞅文坛,略有声誉,宜为梦坡所赏接。梦坡

〔1〕 袁景华编《章士钊先生年谱》,吉林人民出版社 2001 年版,第 15—16 页。
〔2〕 参见章行严:《苏报案始末记叙》,《辛亥革命》(一),上海人民出版社 1957 年版,第 387 页。
〔3〕 参见吴稚晖:《上海苏报案纪事》,见《辛亥革命》(一),第 401 页。

邹容与《革命军》

有女曰陈撷芬,主《女学报》,为一女学生冠冕。"但是吴稚晖所言陈范欲招章士钊为婿,章士钊自己对此并不知情,"梦坡欲以东床招余,其事之有无,余故不知,然梦坡当日求余适馆,董理斯报,则肯款迫切,殆无其比"。〔1〕

　　据章士钊自己的说法,大致可以判断陈范至少对章士钊未曾明示过招其为婿,而吴稚晖所言是出于猜测。但吴稚晖的猜测也未必就是空穴来风,很可能有一定的依据。江南的世家大族当中有一种通行的选婿方式,就是资助禀赋颖异但出身贫寒的男孩读书,参加科考,取得功名之后招其为婿,这在陈范的家乡常州和吴稚晖的家乡无锡尤为常见。陈范女儿陈撷芬年龄与章士钊相仿,其时办《女学报》,并且协助父亲打理《苏报》,而意气风发的青年才俊章士钊显然符合陈范的选婿标准。因此,陈范聘请章士钊为《苏报》主笔,不排除他私底下有替女儿选婿的意图。而且此时的陈撷芬正值妙龄,似乎对章士钊也颇有好感。章士钊日后办《国民日日报》,经费拮据,她曾慨然相助，"手挈家中仅存之番银二百版，含笑而至"。[1]

无论陈范聘章士钊为《苏报》主笔是否有属意其为婿的意图在内，可以肯定的是此时的陈范对章士钊的志向并不了解，正如章士钊事后所言，"余之隐志，向与炳麟容私相计划，心摹力追，如上云云者，全为梦坡所不及知"。[2] 看中章士钊的才华，聘其为主笔，可以使《苏报》办得更有声色，进而扩展销路，这至少是陈范聘请章士钊为主旨的初衷之一。但是公然宣传革命，甚至使《苏报》变为中国教育会和爱国学社的革命宣传机关，可能并非陈范的本意。

章士钊主笔《苏报》之后，从版面到内容，《苏报》都焕然一新。1903 年 5 月 6 日（光绪二十九年四月初十），《苏报》改版后第 1 期，就刊登论说《海上热力史》，内容是关于留日学生动向以及上海新派人物动向。此文应是出于章士钊的手笔。此后，论说栏目内容不再是以四平八稳的温和言论为主，从倡导民权、批判专制，到鼓吹排满、公然宣称革命，如 6 月 1 日登《康有为》一文，宣称革命如铁案，不可移。可以说，章士钊主笔的《苏报》几乎就是爱国学社的机关报。

改版后的《苏报》

〔1〕 见章行严：《苏报案始末记叙》，《辛亥革命》（一），第 389 页。
〔2〕 见章行严：《苏报案始末记叙》，《辛亥革命》（一），第 388 页。

二、苏报案的发生及其审讯与判决

（一）朝廷追查爱国学社张园演说及苏报案的发生

苏报案并非突发，而是有一个酝酿过程。早在 1903 年春爱国学社在张园组织演说之时，清政府方面就已注意到革命党在上海的宣传活动。据兼湖广总督端方致军机处电："查四月初（1903 年 4 月底5 月初）间，方闻上海有爱国会社诸生，借俄事为名，编集义勇队运动部名目，欲入长江勾引票匪为乱。"五月初一日（5 月 27 日），端方密电沿江沿海各省，严防密拿。[1] 五月二十六日（6 月 21 日），清政府外务部又致电沿江沿海各省督抚，电文称"奉旨：外务部呈递魏光焘电。据称：查有上海创立爱国会社，召集群不逞之徒，倡演革命邪说，已饬查禁密拿等语。朝廷锐意兴学，方期早就通才，储为国用。乃近年来各省学生，潜心肄业者固不乏人，而沾染习气肆行无忌者正复不免。似此猖狂悖谬，形同叛逆，将为风俗人心之害。着沿海沿江各省督抚，务将此等败类严密查拿，随时惩办……"[2]但是，尽管朝廷下旨追查并严惩，清政府官员对聚集在上海爱国学社的革命党的追查和逮捕进行得不顺利，可谓颇费周章。

原因之一是俞明震等清政府官员有意庇护革命党。俞明震（1860—1918），字恪士，又字启东，号觚庵，祖籍浙江山阴（今绍兴），生于湖南。其父曾任湖南兴宁、东安知县。光绪十六年（1890），考中庚寅恩科三甲进士，同年五月，改翰林院庶吉士。甲午战争爆发后，于光绪二十一年（1895）接任台湾布政使。之后仅数日，清朝据《马关条约》将台湾割让与日本，俞明震与唐景崧、丘逢甲等组织台湾守军抗日，成立台湾民主国，并出任内务大臣。不久因兵败，匆促离台，内渡厦门。戊戌变法期间，俞明震支持康、梁，并参与湖南巡抚陈宝箴在当地推行新政。变法失败后，转任南京江南陆师学堂总办。1902 年

〔1〕 参见《光绪二十九年五月二十八日兼湖光总督端方致军机处电》，中国史学会主编《辛亥革命》（一），上海人民出版社 1957 年版，第 443 页。
〔2〕 参见《光绪二十九年五月二十六外务部发沿江沿海各省督抚电旨》，中国史学会主编《辛亥革命（一）》，第 408 页。

3月,章士钊与弟弟前来投考时,俞明震时任总办。俞明震十分赏识章士钊的学识才华,在章士钊带领陆师学堂 30 余名学生罢学来沪之时,俞明震"阳怒而阴佐之"。朝廷下旨追查张园演说之时,俞明震"恐伤士类",向魏光焘毛遂自荐,来沪协助袁树勋。[1] 俞明震到沪后,非但不卖力追查革命党,反而故意走漏风声,庇护了不少人。身为《苏报》主笔的章士钊安然无恙,陈范和吴稚晖于苏报案发生后逃脱,都与俞明震的暗中庇护有直接关系。

二是上海公共租界当局不合作。上海公共租界的前身是 1845 年依据《上海土地章程》设立的英租界。1853 年小刀会起义之后,大批华人逃入租界避难。租界当局修改《上海土地章程》,承认华人定居租界的现状。同时,租界于 1854 年设立了市政管理机构——工部局。工部局下设巡捕房,负责租界的治安。此外,租界还拥有准军事武装力量——万国商团,上海租界因此成为清政府无法有效行使管辖的"国中之国"。因此,欲逮捕租界的革命党人,两江总督和上海道台需要同上海领事团交涉,由其指令上海公共租界当局协助逮捕革命党。于是在 6 月 27 日,两江总督魏光焘照会上海领事团,要求上海领事团指示上海租界当局协助逮捕章太炎、邹容、吴稚晖、陈范等人,其中陈范的罪名是:"专登革命排满诸谬说,张大其词,煽惑各学堂学生,希图扰乱。"[2] 但是上海领事团认为章太炎等人宣传革命并非重罪,因此以在租界会审公廨审讯、在租界执行为条件,同意在逮捕令上签字。而负责直接与上海领事团交涉的上海道台袁树勋担心久拖不决导致革命党闻风逃逸,因此口头承诺同意章太炎等人被捕后在租界审讯和执行。在得到上海道台的口头承诺之后,6 月 28 日,上海领事团领袖领事在逮捕令上签字。但是负责执行逮捕令的上海租界当局却始终想敷衍了事,不认真执行。苏报案发生前半个多月,上海公共租界巡捕房捕头曾传讯吴稚晖,寻问其是否藏兵

---

〔1〕 章士钊:《苏报案始末记叙》,中国史学会主编《辛亥革命》(一),上海人民出版社 1957 年,第 390 页。

〔2〕 参见《革命煽动者捕缚二関スル件續報》(1903 年 7 月 16 日),上海二於ケル清国革命煽動者捕縛ノ件,亚洲历史资料中心,档案号: 5 - 1332 - 0172。

器,在得到吴稚晖否定的答复后,表示说没有兵器,巡捕房可以保护他们。[1]

正是由于这两方面的因素,使得苏报案发生前后的情况似乎颇为离奇。苏报案发生在 6 月 29 日。当天上午,巡捕将上海公共租界巡捕将苏报馆账房程吉甫从苏报馆带走,当晚,陈范曾向吴稚晖描述租界巡捕来苏报告逮捕程吉甫的情形:"可怪之至,前日俞恪士(俞明震)从南京来,我心知有异,推说出门,他与我账房略谈报事而去。今早巡捕房派巡捕二人来,先见陈吉甫,[2]问明姓名,即被拘住。又见余,彼等住在临近,甚知余者,余即直入,使人告知已出门,彼等却亦未入内搜捕,乃出拘票一纸,上有陈吉甫之名,又有六名:陈范、陈梦坡、章炳麟、邹容、刘保恒、龙积之;将我一人变成二名,且吉甫拘住,我则认识,又任我入内而不拘,至今亦未再来……"吴稚晖当时就分析说:"我闻巡捕认识梦坡而不拘,心知有异,且误陈范陈梦坡一人而二名,此事必系俞明夷所为。俞与梦坡熟人,为误二名,表示不由于他。拘住吉甫,不拘梦坡,延长一日不拘人,必系拘一账房,使其余者逃去,即可从轻发落,自可对付北京,此乃官僚惯技。"[3]当天夜里,陈范暂避爱国学社学生宿舍。30 日下午,章太炎在爱国学社被捕。6 月 29—30 日,钱宝仁和陈范次子陈仲彝也相继被巡捕带到巡捕房关押。7 月 1 日,邹容和龙积之向投案。轰动一时的苏报案发生。7 月 3 日夜,陈范离沪,乘船前往日本,从此陈范开始了长达两年之久的海外逃亡之旅。

(二) 苏报案的审讯与判决

苏报案发生后,《苏报》在章士钊的主持下继续发行。7 月 7 日,苏报馆才被会审公廨查封。

苏报案中,总共有章太炎、邹容、龙积之、陈仲彝、钱宝仁、程吉甫六人被捕。7 月 15 日,会审公廨对六人进行第一次预审;7 月 21 日,会审公廨再次提审。在这期间,上海道台袁树勋与上海领事团领袖

---

〔1〕 吴稚晖:《上海苏报案纪事》,中国史学会主编《辛亥革命》(一),第 403—404 页。
〔2〕 误,应为程吉甫。
〔3〕 吴稚晖:《上海苏报案纪事》,中国史学会主编《辛亥革命》(一),第 403—404 页。

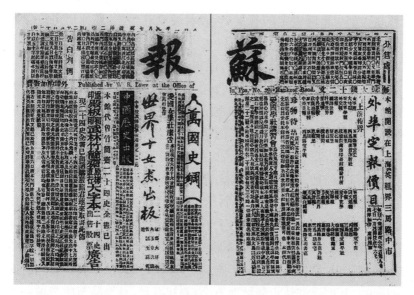

被查封当日的《苏报》

领事交涉，要求引渡章太炎、邹容，但是被上海领事团拒绝，理由是在章太炎、邹容等人的逮捕令执行之前，上海道台与上海领事团之间曾达成一个口头协议，即章太炎、邹容等人逮捕后，应在租界审讯，并在租界执行。上海领事团这个态度并非是刻意保护章太炎和邹容等革命党，而是事出有因，即维持自戊戌变法以来上海公共租界庇护中国主张改革、进步的人士的惯例。事前，袁树勋担忧久拖不决导致革命党逃逸，因此在并未请示两江总督魏光焘的情况下，同意了上海领事团的条件。但是在章太炎、邹容等人被捕后，两江总督不承认上海道台与上海领事团达成的口头协议，坚决要求上海公共租界当局将章太炎和邹容交给清政府严惩。同时，清政府外务部亦出面与北京公使团交涉，要求其指示上海领事团令上海公共租界当局交出苏报案犯，苏报案于是成为中外之间的外交交涉。因在华列强当中，英国处于霸主地位，加之上海公共租界与英国的特殊关系，因此英国的态度十分重要。于是英国驻华公使就此向英国外交部请示。适逢沈荩案发生，曾经参与唐才常领导的自立军起义的沈荩在北京被捕，未经审讯，慈禧太后下令以惨酷的方式处死。英国《泰晤士报》报道了沈荩被惨酷处死的情形,在英国议员当中引起反响,并且影响了英国政府对苏报案的态度。1903 年 8 月 5 日,英国首相宣布拒绝交出苏报案犯,并通知英国外交大臣。此后,英国又促使支持交出苏报案犯的法国改变了态度,最终在 1903 年 10 月在北京领事团内部达成一致,即苏报案犯在上海公共租界审讯,如被判有罪,亦在租界执行。1903 年 12 月 3—7 日,章太炎、邹容等 6 名苏报案犯在上海公共租界会审公廨审讯。清政府聘请律师,以"妖言惑众"的罪名在会审公廨起诉章太炎和邹容,章太炎、邹容亦聘请律师为其作辩护。1904 年 5 月,苏报案宣判,章太炎被判监禁三年,邹容监禁二年。1905 年 4 月 3 日,邹容瘐死狱中。1905 年 6 月 29 日,章太炎刑满出狱。之后,前往日本。

苏报案是中国近代史上一个影响深远的历史事件,具有划时代的意义。自此以后,《革命军》等宣传反清革命的书籍在国内广泛传播,章太炎、邹容亦成为名满天下的革命志士。身为苏报馆主的陈范在这个事件中也扮演了十分重要的角色。

第五章　流亡海外

一、中日引渡陈范的交涉

1903 年 7 月 3 日夜,陈范由女儿陈撷芬陪同,携二妾乘三菱公司日本邮船株式会社的"博爱丸"号,前往日本神户,吴稚晖送其至码头登船。[1] 这是陈范第一次出国,而且是因被追捕而逃亡海外,心中自然充满离情别绪,感慨万端。在"博爱丸"号开出吴淞口时,他曾赋诗一首,表达去国的惆怅之情:

> 清风习习拂征衫,别绪离情百不关。
>
> 却怪舵楼回望处,眼中犹著旧河山。[2]

7 月 8 日,陈范抵达日本神户,从此开始了长达两年多的海外逃亡生涯。清政府也得知了陈范逃亡日本的信息,于是与日本交涉,要求日方协助引渡陈范。

据日本外务省档案,1903 年 7 月 19 日(光绪二十九年闰五月二十五日),上海道台袁树勋致日本驻沪总领事小田切的照会,要求小田切电告本国政府协助捉拿陈范,交由中国政府严惩:

---

〔1〕 据兰皋(汪文溥)《蜕盦事略》:"吴先生则挈君尽室入日本船,然后从容自去。"王敏编校《陈范集》,第 179 页。

〔2〕《致蕨园书》,王敏编校《陈范集》,第 159 页。

日本外务省苏报案档案

　　照会事，照得查办逆党一事，除已获章炳麟、邹容、陈仲彝、钱允生、陈吉夫、[1]龙积之等六名外，尚有陈范一名在逃未获。查该犯系苏报馆主，所出日报，不独毁谤皇室，图害国家，且其所云排除异类恶魔等语，即指各国洋人而言，更属专意扰乱大局。核其猖獗悖逆之迹，实属罪大恶极，按诸国法，罪不容诛，况各国与我国素敦睦谊，见此情形，亦当为之共愤。访闻该犯现在逃匿东洋，应请贵总领事迅速电禀贵国政府，严饬密拿，解交驻扎日本中国钦差，转解来沪，以彰国法而靖地方，中外幸甚。合亟备文，照会贵总领事，请烦查照，迅速办理，并希示复，望切施行。须至照会者，右照会。光绪二十九年闰五月二十五日。[2]

　　在接到照会的当日，小田切立即照复袁树勋，在表达了对陈范等苏报案犯的行为的痛恨之后，以无此国际惯例为由，委婉但明确地拒绝了袁树勋引渡陈范的要求，"本总领事查若辈所出日报，竟敢载入毁谤皇室，图害国家，并排除异类恶魔等语，意图扰乱大局，殊堪令人

----

〔1〕　误，应为程吉甫，苏报馆账房，于1903年6月29日被捕。
〔2〕　参见《革命煽动者捕缚ニ関スル件（第三报）》（1903年7月22日），上海二於ケル清国革命煽动者捕缚ノ件，亚洲历史资料中心，档案号：5-1332-0183。

痛恨。惟按各国均无将此等罪犯拿获解交之例,本总领事未便办理,深为可惜……"〔1〕同日(7月22日),小田切又向日本外务大臣小村寿太郎(后文简称"小村")汇报说:"我收到了上海道台台的公函,要求交出已逃亡日本的陈范,我礼貌地拒绝了他的要求。"〔2〕事后,小田切又向小村解释了事先未向小村汇报即回复上海道台的原因:"原本下官应当在发出此照复之前电报请示阁下,但对于事理如此清楚明白之事,毋宁迅速且周到地予以答复,以防止对方误入迷途,较为有利,所以下官斗胆立即发出了上述照复。"〔3〕

接到小田切拒绝的答复后,袁树勋于7月23日又照会小田切,请求小田切将引渡陈范作为例外处理,并请其电告本国政府,予以协助。从这份照会的语气可以看出,袁树勋几乎是在恳求小田切予以帮助:

> 照会事,照得逆党陈范逃匿东洋,前经照会转请拿交一案,本月二十六日准复文内开各国均无将此等罪犯拿获解交之例,未便办理等因,准此。查苏报馆主陈范刊布逆报,扰乱中外大局,既已逃往贵帮,衡以两国交情,当无不荷帮拿解交之理。乃贵公使以各国均无此例,深为怅怅。然本道细思事变无常,彼此交涉,往往有出于例章之外者。总须从长计议公允办理。设如贵国亦有此等罪犯潜至别国藏匿,贵国政府备文声请交出,别国不允招办,将如之何? 以此例彼,情事相同。现在陈范一犯,本道惟请贵总领事拟情转达贵国政府核办,谅不致有所为难。合再备文照会,仍祈贵总领事查照前文办理,足纫公谊,望切施行。须致照会者,右照会。光绪二十九年闰五月廿九日。〔4〕

〔1〕 参见《革命煽动者捕缚ニ関スル件(第三报)》(1903年7月22日),上海二於ケル清国革命煽动者捕缚ノ件,亚洲历史资料中心,档案号:5-1332-0184。
〔2〕 参见上海二於ケル清国革命煽动者捕缚ノ件,亚洲历史资料中心,档案号:5-1332-0165。
〔3〕 参见《革命煽动者捕缚ニ関スル件(第三报)》(1903年7月22日),上海二於ケル清国革命煽动者捕缚ノ件,亚洲历史资料中心,档案号:5-1332-0179~0182。
〔4〕 参见《革命煽动者捕缚ニ関スル件(第四报)》(1903年7月25日),上海二於ケル清国革命煽动者捕缚ノ件,亚洲历史资料中心,档案号:5-1332-0191。

7月24日,小田切回复上海道台,重申协助捉拿苏报案犯一事,应遵照国际间的相关条约办理,并以日本与美国之间互相引渡罪犯的约定为例,说明只有条约明确规定的罪名方可相互引渡,而且政治犯的相互引渡"无例可援,无理可允":

> ……本总领事查拿交犯一事,无论何国,总须按照约章办理。方今本国与别国其议定交犯条约,有约内载有例目,即日美两国交犯条约内所互能拿交,罪名不过罪犯伪造国币及其余官府文书等类,伪证,盗犯,奸犯,海贼,破坏铁路、船、桥梁、房屋等数犯。若政治罪犯,则不在此例。故除约内列入例目之罪犯外,其余无行互相交犯。至政治罪犯,本国不请别国交犯,别国亦不请本国交犯,所有贵道照请一节,无例可援,无理可允。本总领事甚惜未能副嘱,抱歉莫名……[1]

小田切回复上海道台之后,又向日本外务大臣小村做了汇报。[2]

在上海方面交涉的同时,清政府外务部也向日本驻华公使内田康哉(后文简称"内田")提出协助引渡陈范的要求。据7月23日内田致日本外务大臣小村寿太郎电报,清政府外务部侍郎联芳于当天拜访了内田,要求引渡已经逃往日本的陈范。内田回答说他不知道是否陈范确实已逃往日本,但是内田表示会调查清楚,并答复联芳。内田给小村的电报中还建议说,如果陈范确实已逃往日本,那很不好,为避免可能引起的各种麻烦,应该将陈范驱逐出日本。[3]28日,内田在给小村的一份标注为"机密101号"的报告中,再次提到引渡陈范一事,表示"引渡陈范之事,自有万国公例,不可轻易允诺,不过,本公使认为,如因此事而引起各种纷争,徒然助长清国官吏猜疑之心而已,反而不堪其烦,倒不如将其驱逐出日本,乃为简

----

〔1〕 参见《革命煽动者捕缚ニ関スル件(第四报)》(1903年7月25日),上海ニ於ケル清国革命煽动者捕缚ノ件,亚洲历史资料中心,档案号:5-1332-0192~0193。

〔2〕 参见《革命煽动者捕缚ニ関スル件(第四报)》(1903年7月25日),上海ニ於ケル清国革命煽动者捕缚ノ件,亚洲历史资料中心,档案号:5-1332-0188~0190。

〔3〕 参见上海ニ於ケル清国革命煽动者捕缚ノ件,亚洲历史资料中心,档案号:5-1332-0175~0176。

便之良策".[1]

由此可以看出,依据庇护政治犯的国际惯例,小田切和内田均不肯向清政府引渡陈范,但是他们也不希望因此给日本引来外交方面的麻烦,并影响同清政府的关系,特别是驻日公使内田,在引渡陈范问题上采取了灵活的折中办法,决定将陈范驱逐出日本。

二、陈范逃亡日本后的行踪

在小田切和内田拒绝清政府引渡陈范请求的同时,日本国内也开始着手调查陈范的行踪。日本苏报案档案揭示,7 月 28 日,大阪府知事高崎向内务省警保局长安立纲之提供了一份关于陈范抵日后行踪的报告:

> 特甲第四九八号
>
> 之前电报照会的关于清国亡命徒陈范的有关情况暂先回复如下。从本月 11 日到 15 日,教书先生陈蝶南(41 岁)、女学生陈竞权(21 岁)在北区富岛町旅店小川平助处投宿。15 日夜,转投宿至川口町清国人孙实甫处。17 日下午 7 时,向神户出发,目前其行踪仍在暗中侦查。陈蝶南实名为陈梦坡,女学生是其妻子,本月 8 日乘由神户进港的"博爱丸"号前来日本。在神户海岸路上的田中旅馆住了 3 天后,陈范来到本地(大阪)。陈梦坡在上海行报纸《苏报》,任主笔,是改革党人。由于清廷监管搜查严密,逃亡到本国。孙实甫是陈梦坡曾经的相识,偶然在神户碰见,孙(实甫)询问陈(梦坡)的打算。陈梦坡把实情告诉了孙实甫,包括来到大阪后的旅行和住宿情况。孙实甫认为陈梦坡的同党都被逮捕,其中多数人尚在狱中受煎熬,而陈梦坡自己却悠闲地逃来日本,这在感情上是令人无法接受的,于是孙实甫劝说

---

〔1〕 参见《蘇報記者其他革命煽動者清国官吏へ引渡ニ関シ当地各国公使ノ意見報告ノ件》(1903 年 7 月 28 日),上海ニ於ケル清国革命煽動者捕縛ノ件,亚洲历史资料中心,档案号:5 - 1332 - 0213~0214。

陈梦坡速速回国,筹划后策。陈梦坡赞同孙(实甫)的看法,并且最终决定回国。18日,陈范从神户港乘"博爱丸"号出发。据说在大阪滞留期间,陈(梦坡)曾经两三次去参观正在那里正举办的世界博览会,此外无他异常情况。陈梦坡离开时,孙实甫曾委托小田切领事对其进行保护。以上为需要回复的内容。

明治三十六年七月二十八日

大阪府知事高崎亲章

内务省警保局长安立纲之收〔1〕

据大阪府知事的这份报告,7月3日晚,陈范从上海乘三菱公司日本邮船株式会社的"博爱丸"号,前来日本。8日,陈范到达神户,投宿在神户海岸路田中旅馆,在此住了3天后。11日,又来到大阪。陈范到大阪后,投宿在北区富岛町旅店。到了15日夜里,陈范又转投宿至川口町中国人孙实甫处。在大阪逗留近一周的时间里,陈范曾经参观正在大阪举办的世界博览会。在大阪时,孙实甫建议陈范回国。陈范听从了孙实甫的建议,决定回国。17日下午7时,陈范又前往神户(应该是计划从神户回国),18日,从神户港乘"博爱丸"号出发(前往上海)。与陈范同行的是其妻子,化名"陈竞权"。

这是苏报案档案中第一份比较详细的关于陈范行踪的报告,已可以比较清晰地复原陈范一行人逃离上海后半个月的行踪。而且这份报告中还出现了一个人物,即孙实甫。孙实甫名淦,字实甫,1858年出生在上海,19世纪70—80年代来日本经商,此后常年旅居日本。虽为商人,但是孙实甫与寓沪浙江名流汪康年等有交往。1897年曾出任浙江省留日学生监督,1900年辞去留学生监督职务,继续在大阪经商,担任大阪"南帮"华商首事。〔2〕很可能因为在华商当中的地位,孙实甫与日本驻沪总领事小田切熟识。至于陈范与

〔1〕 参见上海二於ケル清国革命煽動者捕縛ノ件,亚洲历史资料中心,档案号:5-1332-0196～0197。

〔2〕 吕顺长著《清末中日教育文化交流之研究》,商务印书馆2012年版,第212—216页。

孙实甫何时结识，未发现相关资料。据笔者推测，很可能是陈范来沪后，通过汪康年等人的介绍，[1]与时常往来于上海和日本之间的孙实甫结识。也很可能因这层关系，陈范由神户前来大阪时投奔熟人孙实甫。

8月1日，日本外务大臣小村致电日本驻沪总领事小田切，通知小田切说，根据大阪府知事的报告，已经可以确认陈梦坡即为陈范。最后还提到有进一步的报告说，孙实甫为陈范写了一封介绍信，把其介绍给小田切。在电报中，小村还请小田切在确认陈范到上海后向他汇报。[2]

小田切接到小村的电报后，开始着手调查陈范是否已抵沪以及陈范的相貌等。

首先是小田切从陈范所乘的18日由神户开往上海的"博爱丸"号的名单当中确实发现有陈范的名字，但是陈范是否真的已到达上海，还无法确定。因为陈范未前来拜访小田切，在上海也未发现陈范的行踪。[3]

而关于陈范相貌的调查进展比较顺利。小田切一方面拜托《同文沪报》[4]报馆，另一方面照会上海道台，了解陈范的外貌形象。很快，小田切就得到了回复。据《同文沪报》报馆提供的信息：陈范号梦坡，湖南浏阳人，年龄40岁左右，身高五尺五寸，身体肥大，脸稍圆，鼻高，头发稀疏，鼻下有粗胡须，眉眼嘴普通。又据上海道台的回

〔1〕 据《汪康年师友书札》(详见《汪康年师友书札》(4)"人名索引""陈鼎"条，上海古籍出版社1986年版)，汪康年与陈范之兄陈鼎有交往，因此据笔者推测，陈范与汪康年至少相识。

〔2〕 参见上海ニ於ケル清国革命煽动者捕缚ノ件，亚洲历史资料中心，档案号：5‐1332‐0198。

〔3〕 据8月3日小田切致日本驻华公使内田康哉的电报："No.53 关于陈梦坡即陈范的电报，在'博爱丸'号的乘客名单中发现他的名字，其他情况后续确认，仅根据一份简单的报告，我还不能确认他是否到了这里(上海)。我正在努力确认，并且会把我收到的报告电告。他大约40岁，身高5.5英尺，五短身材，圆脸，高鼻子，头发和胡须稀疏，眼眶、眼睛和嘴巴如常人，他出生在湖南浏阳。"参见上海ニ於ケル清国革命煽动者捕缚ノ件，亚洲历史资料中心，档案号：5‐1332‐0199。

〔4〕 日本东亚同文会在上海的机关报，前身为英国人主办的《字林沪报》，1900年东亚同文会顶办改名。参见郑天挺、荣孟源主编《中国历史大辞典·清史卷》(下)，上海辞书出版社1992年版，第240页。

复：陈为湖南衡山人,举人头衔,曾任江西铅山县知县,在任上被革职,年龄 40 岁左右,脸长,有胡须,身材适中。8 月 4 日,小田切向小村提供了上述情况,同时向小村汇报说,陈范是否已回到上海,目前仍然在调查当中,尚在调查中。[1]

同日,外务省又收到了一份关于陈范的报告。这份报告由内务省转来,是兵库县知事提供的 7 月 8 日至 18 日陈范在神户和大阪期间行踪的调查报告:

> 7 月 8 日,清国武进县商人"sousyugen"(庄守岩,四十一岁)、妇女"soukyouken"(庄竞权,二十一岁)、学生"soutakurin"(庄泽林[音译],二十五岁)投宿神户市海岸路田中旅馆。之前在大阪博览会参观,十七日下午十一时回神户,到田中旅馆住宿。乘十八日出航的"博爱丸"号去上海。从庄守岩在大阪逗留时叫作陈梦坡这一点上看,我们判断,此人的相貌等等情况,也与今日贵电报中的描述甚相吻合。[2]

据内容分析,这份电报应是兵库县知事根据内务省警保局当日(8 月 4 日)提供的线索,调查陈范在兵库县管辖的神户的行踪。报告首先确认陈范与那位在大阪逗留时名为陈梦坡的人是同一人,他在神户时化名庄守岩,于 7 月 8 日抵达神户,后来前往大阪参观世界博览会,17 日下午 11 时由大阪返回神户。由这份兵库县知事的报告可以看出,关于陈范在神户和大阪两地的行踪,同前文提到的大阪府知事 7 月 28 日的报告正好可以相互印证。但是,这份报告也有与 7 月 28 日报告相出入之处,即关于陈范的同行者,在大阪府知事的报告中只有提到一位,此人 21 岁,化名陈竞权,身份是陈范的妻子。而这份报告当中提到有二位女子与陈范同行,一位是 21 岁的庄竞权,一位是 25 岁的庄泽林。据相关资料,陈范离开上海时,由女儿陈撷芬

---

[1] 参见《革命煽動者陳範ニ関スル件》(1903 年 8 月 4 日),上海ニ於ケル清国革命煽動者捕縛ノ件,亚洲历史资料中心,档案号：5 - 1332 - 0222～0224。
[2] 参见上海ニ於ケル清国革命煽動者捕縛ノ件,亚洲历史资料中心,档案号：5 - 1332 - 0200～0201。

和妾陪同。[1] 因此，兵库县知事报告中提及陈范有两位同行的女子应该是准确的。其中，大阪府知事报告中的"陈竞权"与兵库县知事报告中的"庄竞权"可能是同一人。至于化名庄竞权的女子和化名庄泽林的女子，谁是陈撷芬，谁是陈范的妾，因二人年龄相仿，颇难判断。但是从年龄上海看，陈撷芬与庄竞权的年龄最相近，因此庄竞权很有可能是陈撷芬，[2] 而25岁的女子庄泽林则是陈范的妾。至于三人在神户期间均化名庄姓，笔者猜测应该由陈范的第二任妻子姓庄而来。[3]

至此，日本外务省已经基本掌握陈范抵日后在神户和大阪的行踪及同行人的情况。8月6日，小村又致电小田切和内田，确认陈范化名"庄守岩"（日文名"sousyugen"），于18日乘"博爱丸"号由神户前往上海，并且该船途中未在任何地方停留。[4] 又据8月8日小田切给小村的回电，在"博爱丸"号乘客的名单当中确实发现了"庄守岩"这个名字，然而未发现化名"庄泽林"的同行的女子。[5]

然而令人颇感费解的是，在这封电报之后，日本方面似乎没有再继续调查陈范的行踪，只是在日本苏报案档案当中可以看到日本外务省于8月15日收到的一份内容与陈范有关的电报，这份电报或可说明中日引渡陈范问题后续的交涉情况。电报来自上海道台袁树勋，电文的内容是两江总督魏光焘给袁树勋的指令："日外部不任陈

---

〔1〕 据陈范妹夫汪文溥所撰《蜕盦事略》，陈范的妾随陈范赴日。参见王敏编校《陈范集》，第180页。

〔2〕 陈撷芬(1883—1923)，协助陈范办《苏报》，并且是中国近代著名的女性报刊《女报》(后改《女学报》)的创办人。随陈范赴日后，进入横滨基督教共立女学校读书。后留学美国。1923年在上海病逝。

〔3〕 陈范的第二任妻子庄芙笙，娘家是常州的名门望族庄家。

〔4〕 两份电报的内容分别为："关于第42号电报，已经确认7月18日，陈范于化名庄守岩，由其妻子和乘客名单上名为Sotakurin的年轻女子陪同登上'博爱丸'号，他们前往上海，途中未在任何港口停留。签名：小村寿太郎 Komusa"。"关于我的144号电报有关陈范的内容，7月11日他到了大阪，在那里停留一周回上海，显然是要营救被关押的同党。接下来的调查确认他7月18日乘'博爱丸'号前往上海途中未在任何地方停留。签名：小村寿太郎"。参见上海ニ於ケル清国革命煽动者捕縛ノ件，亚洲历史资料中心，档案号：5-1332-0202～0203。

〔5〕 参见上海ニ於ケル清国革命煽动者捕縛ノ件，亚洲历史资料中心，档案号：5-1332-0208。

范逗留，具征关顾厚谊，望代致谢，仍恳随时查察驱逐云。"[1]这也是日本苏报案档案中最后一份与引渡陈范有关的文件，此后，陈范的信息再未出现，日本方面对陈范行踪的调查至此亦戛然而止。据笔者推测，其中的原因可能在两个方面：一是日本方面再未获得关于陈范行踪的进一步的信息；二是日本方面原本并无引渡陈范的打算，只是想将其驱逐出境，对其关注程度与追踪其他罪犯情况不一样，因而只要在日本未发现陈范的行踪，已经没有必要继续追索，陈范亦因此日本官方的视野中消失了。而同时期的清政府方面的有关苏报案的官方档案当中，也未在发现继续就陈范引渡问题交涉的文件。因此可以断定，中日之间就陈范引渡的交涉随着陈范在双方的视线中消失而终止。

但是陈范并未真的失踪。相关资料显示，陈范并未离开日本，而是与陈撷芬前往横滨，并暂时在横滨山丁町一百五十一番地暂时安顿下来。据冯自由《陈梦坡事略》记述，在横滨时，陈范曾拜访其时正在横滨的孙中山，而时任孙中山秘书的冯自由也正是这时结识陈范。[2]后陈范去香港，参与革命党陈少白主持的革命报纸《中国日报》。1905年春，陈范才由香港回上海。[3]

既然陈范事实上未离开日本回沪，那么他的名字（化名"庄守岩"）为何会出现在(1903年)7月18日由神户开往上海的"千岁丸"号的乘客名单当中？目前笔者尚未发现可以直接说明这一问题的资料，因此这里只能依据相关的史实推测。最大的可能是陈范确实登记购买了"博爱丸"号的船票，可是7月18日这天他并未实际登上"博爱丸"号。未实际登船的原因可能是在购买船票之后，陈范改变了主意。还有一种可能是为掩人耳目，陈范确实曾经登船，做出已离日回国的假象，但是在开船之前离船。总之，可以肯定的是，陈范未乘7月18日神户开出的"博爱丸"号离开日本回沪，但是他也未在已

[1]　参见上海ニ於ケル清国革命煽动者捕缚ノ件，亚洲历史资料中心，档案号：5-1332-0229。

[2]　参见冯自由：《革命逸史》初集，中华书局1981年版，第119、132页。

[3]　详见王敏：《论陈范》，《学术月刊》，2004年第12期。

经暴露自己身份的神户停留,而是与女儿陈撷芬前往日本的另外一个城市横滨,并在横滨山丁町一百五十一番地暂时安顿下来,陈撷芬入横滨基督教共立女学校读书。1904 年初,陈范离开日本前往香港。

关于陈范在日本期间的详细情况,陈范自己几乎未留下相关资料,只是在冯自由所著《革命逸史》当中略有提及。据冯著《陈梦坡事略》:"梦坡既抵横滨,始谒孙总理于山下町寓所,时总理方与黄宗仰(乌目山僧)、廖翼朋等同寓,余之获识梦坡亦在此时。"又据冯著《癸卯孙总理在日本状况》,"《苏报》案主人陈范及女公子撷芬亦居横滨,日访总理畅论时事"。

由此可见,陈范在横滨时期,曾见过孙中山,并且与孙中山一起畅论时事。这段时间,陈范似乎还参与了革命党的活动。仍据冯自由回忆:"是年(1904)冬,余与梁慕光、胡毅生、廖翼朋组织洪门三点会于横滨,梦坡遣其姬人芬莅会加盟。"[1]但是陈范未在日本久留,不久即前往香港。

离开日本赴港,同陈范来日本后生活上陷入困境、无法经济上自给有关。女儿陈撷芬入横滨教会学校读书,对陈范而言可能经济上不需要负担太多,但随行的妾"以饥寒去",[2]另嫁他人。这时的陈范因"苏报案",在留日学生和革命党当中,自然是一个因办报宣传革命而出名的人物。应该是出于孙中山或者其他在日本的革命党的介绍,大约在 1904 年底 1905 年初,陈范前往香港,协助陈少白办《中国日报》。

陈少白(1869 年 7 月 20 日—1934 年 12 月 23 日),号少白,广东新会人。孙中山在香港雅丽士医学校读书时同学,冯自由称其"才思敏捷,诗词歌赋,琴棋书画,无所不通,有风流才子之号"。[3]陈少白是孙中山领导的兴中会的重要骨干,与孙中山、杨鹤龄、尤列并称为"四大寇"。1895 年广州起义失败后,随孙中山赴日。1899 年底,

---

[1] 参见冯自由:《革命逸史》初集,第 119、132 页。
[2] 陈范:《与吴稚晖书》,见王敏编校《陈范集》,第 166 页。
[3] 参见冯自由:《革命逸史》初集,第 2 页。

孙中山派陈少白赴港,创办《中国日报》。1900年1月25日,《中国日报》正式发行,陈少白任社长兼主编。

陈范在香港的时间很短,可能是因为与陈少白相处并不融洽,1905年春天,陈范从香港回到了上海。

第六章　流寓湖南

　　1905 年春由香港回到上海后,陈范还是未躲过牢狱之灾。在晚年写给吴稚晖的信中,陈范曾简单述及这段经历:"横滨、东京、香港之流寓,先后未到两年。乙巳春复到内地,遂未更泛海外,而其年夏间,遂在上海以他事之波及。在狱年余,至丙午秋间,始得取保暂释。"[1]陈范去世之后,汪文溥所写《蜕盦事略》一文中,关于陈范这场牢狱之灾的起因等情况记述得更为详细:"(陈范)只身走香港,无所欲,复来上海,则为虏督端方侦骑所得,黠者献策端方,谓苏报案领事团不肯引渡,即得其人,不能死之也,不如使人以他事讼之,得引案归内地,则斩戮可任吾意。虏如所策,而外人洞其隐,终不为虏策蠹。既了他讼,即不问前案,竟纵之出。"[2]从汪文溥的记述中可以看出,陈范的这场牢狱之灾仍然同苏报案相关,虽然苏报案发生已有两年的时间,但是端方并未放过陈范。

　　陈范被关押在狱中有一年多。出狱后,他不敢在沪居留,"丙午秋,离沪,伏处于浙江温属滨海之地一年余,困不能继,乃至长

---

〔1〕 陈范:《与吴稚晖书》,王敏编校《陈范集》,第 166 页。
〔2〕 兰皋:《蜕盦事略》:"吴先生则挈君尽室入日本船,然后从容自去。"见王敏编校《陈范集》,第 179 页。

沙"。〔1〕陈范前往湖南,主要是投奔汪文溥。此后至 1912 年春回沪,陈范有四年多的时间流寓湖南,在醴陵和长沙都住过一段时日。

在湖南期间,陈范曾经同革命党有过交往,参与过一些革命活动。这时的陈范孤身一人,生活困顿,并且生过一场大病,心境也十分凄凉。四年间,陈范写过大量的诗文,是陈范一生当中诗文写作最多的时期,并且与湖南当地的文人史良(采崖)和傅尃(钝根)等人有较多交往,相互有不少诗词唱和。

一、参与革命活动

陈范来湖南后,同湖南革命党有交往,与汪文溥有很大的关系。

汪文溥(1869—1925),字幼安,一字忏庵,号兰皋。江苏阳湖(今常州)人。是当年陈范接办《苏报》时的合伙人。"苏报案"并未波及汪文溥。苏报案之后,汪文溥任湖南醴陵知县。汪文溥思想趋新,同情革命党。1906 年 12 月,同盟会会员刘道一、蔡绍南等领导萍乡、浏阳、醴陵起义,汪文溥对此佯装不知,不闻不问,却暗中掩护革命党人的活动,"保全善类甚众",后被控为革命党,被朝廷革

陈范妹婿汪文溥

职。1907 年 5 月,同盟会领导潮州、黄冈起义,汪文溥联络湖南的革命党人,遥相呼应,配合起义,不料事泄,汪文溥又被捕入狱。

大约就是在汪文溥被捕之后,陈范来到长沙,与友人史良(采崖)设法营救汪文溥出狱。之后,陈范同湖南的革命党开始有一些交往,并参与了革命党的一些活动。

与陈范最为意气相投的革命党是与他有相似经历的同盟会员宁

〔1〕 陈范:《与吴稚晖书》,王敏编校《陈范集》,第 166 页。

调元。宁调元生于 1873 年,湖南醴陵人,曾经留学日本,并加入同盟会。1906 年从日本回国,在上海办《洞庭波》杂志,后因参加革命党领导的萍浏醴起义被捕,关押在长沙狱中。陈范与其结为诗文知己,时常携酒狱中探视,赋诗痛饮。陈范还因此结识了清军新军将领刘玉堂。

刘玉堂(? —1911 年),河北定兴人。早年在湖南清军巡防营当兵,后升为哨官。陈范对刘玉堂十分赏识,将其推荐给汪文溥,"此勇士,缓急可用"。[1] 武昌起义发生后,陈范曾经建议汪文溥劝说湖南都督焦达峰和刘玉堂共同起兵支援武昌。

焦达峰(1887—1911),原名大鹏,字鞠荪,湖南浏阳人。1906 年参加萍浏醴起义,失败后去日本留学,参加中国同盟会。次年与张百祥、孙武等在东京组织共进会。1909 年和孙武回国,分头在湘、鄂间活动。1911 年武昌起义后,和陈作新于 10 月 22 日率领新军攻占长沙,次日成立湖南军政府,被推为都督。

遗憾的是陈范的建议未被采纳,结果谭延闿策动新军管带梅馨发动兵变,焦达峰与副都督陈作新同时被害。[2] 而刘玉堂在率兵驰援武昌革命党途中战死,援鄂计划未获成功。事后,陈范对汪文溥感叹说:"令早用吾策,君与刘偕,先十日赴援,刘或不死,汉阳不失也。"[3]

此后,陈范与汪文溥曾一度参加湘桂援鄂联军,陈范任联军司令部书记,但是因与联军司令沈秉堃相处不洽,陈范和汪文溥相继辞职。

二、生活境况与交往的友人

陈范到湖南之初,依附汪文溥,住在醴陵。后汪文溥离开醴陵,

---

〔1〕 据兰皋:《蜕盦事略》:"吴先生则挈君尽室入日本船,然后从容自去。"见陈范:《与吴稚晖书》,王敏编校《陈范集》,第 179 页。

〔2〕 夏征农、陈至立主编,熊月之等编著《大辞海·中国近现代史卷》,上海辞书出版社 2013 年版,第 201 页。

〔3〕 据兰皋:《蜕盦事略》:"吴先生则挈君尽室入日本船,然后从容自去。"见陈范:《与吴稚晖书》,王敏编校《陈范集》,第 179 页。

陈范一度搬到友人史良（采崖）的西山蕨园居住。大约 1909 年下半年，陈范又带着其时从日本归来的小女儿陈信芳前往长沙汪文溥处居住。此后陈范时而居长沙，时而住醴陵，差不多居无定所。

1. 贫病交迫

陈范在来湖南后，由于没有固定的经济来源，生活始终十分窘迫。据其时与陈范交往较多的友人傅尃回忆，1909 年，傅尃前来长沙陈范寓所探访他时，"观蜕庵状至萧瑟，若不得已而处此者，于以知其遇之穷也"。[1] 1909 年下半年，陈范在长沙又生过一场重病。病愈之后，陈范作《原病》一文，详述自己生病和治疗的经过：

> 予生平少病，偶患寒热，卧一日夜，或饿一二餐，强起治事，或游宴，旋即如常。虽届五十，未以为衰，自视犹昔。往岁七月，布席卧地取凉，达旦开窗，又饮啖过量，继以凉粉，泄泻日十余次。庚娘甚以为忧，中夜啜泣不眠。予亦昏呓不醒，然越日即起，酒食不忌，入秋后益强健。赴鄂、赴汴、赴皖、赴苏，冲风雪，不御裘。走万里，未觉殆也。二月十八，由鄂至星沙，途次荼然以疲。寓泰安栈，终日偃卧。起坐即头目森森然，揽镜日以瘦黑，而饮食酣眠尚如故。驰函入城，邀幼媛妹来视，劝予移居，厌倦未应。三月初六，始移大古道巷幼安公馆中，妹榻予于厅事后一小室。长姊适来湘，宜有手足之乐。乃日除两饭一粥外，长卧而已，言动均懒。长姊旋归，史君采崖以四月十五由醴陵来省，日夕过从，意气稍振。十日而别，留《石头记》属予评，且属录旧作相寄。予时移榻上房，与幼媛妹东西对屋，卧起较适。日以录诗评《石头记》为事，一切心事，强付相忘，方喜渐归自然。
>
> 五月初四，至南正街买物，行甚健。夜四鼓乃睡，不期越二三时而醒，左膝遽挛曲不伸，且痛楚，口燥胸闷，两太阳如裂。妹及诸甥已置酒庆午节，邀予入座，竟不能强起，以雄黄酒、肉松、皮蛋等置榻畔，予不能入点滴也。卧竟日，初六略愈，初七更愈，至晚则足与常日无异，精神亦好，仍评《石头记》。至三鼓后，妹

---

[1]　傅尃：《陈蜕庵事别录》，王敏编校《陈范集》，第 185 页。

劝予睡乃已。初八早复挛楚如初五,自此日甚一日。予狃于向者之疾难而愈易也,不以为意。因循十日,胫大于股矣。妹为予延医,予壹听之,始犹抱足呻吟,继乃昏然不省人事。妹言仁东医院为吴镜怡起绝症,予心知其善,亦不甚措意。汪仆吴升邀之来,言非开剖不可,予亦置不论。至六月初十后,毒气上攻,大小便皆黑色,日进炒米汤数杯。偶清醒时,祝早绝,无他念也。十□日,忽呼吴升,与约十六日赴仁东就诊。噫!此殆鬼神凭之而言,不自省。

届日卧藤床,舁行烈日中凡二三里。院主人中村君,奏刀割然,脓血溢注,不甚觉痛楚也。既而绵缠布裹,甚觉快适。院无室宇,就近寓惠裕旅馆。夜中稍安,而昏沉时尚多。十七日中村君来诊,用药水洗涤复裹。十八日顿下利,日七八次,仍黑色,人复昏闷如晕矣。妹来视予,闻欢甥妇患急痧,亦延中村视之。予赴院就诊,仍用藤床舁行。脓出过多,在院中洗时,几晕绝。归寓,吴曜丙为言甥妇病重,彼须至公馆视之。噫!其孰料甥妇即以是日去世。予越一月乃由镜怡处得消息,非病聩。人虽相瞒,当能自察。

十八日以后,泻利渐减,日赴院两次,时清时呓,间轻间重。至中元前数日,始少昏乱时。而海底后生一核块,肿痛至于不能呼吸。七月初十,复请中村用刀,其痛苦乃为生平所未经,与腿上迥别。(今块核虽销痛虽止,然创口不合,间出淡脓水,恐成管则为累矣)六月十八至八月十九止,共赴诊九十一次。六月十六第一次,十七八各一次,十九至七月廿四共三十五天,每天诊二次。七月廿五至八月十六廿一天,每天诊一次。(惟中秋日未诊)十七十九各诊一次。凡九十六次也。内除中村病等有五次未看开刀先后六回,医费一百六十五元。前六十五次每两次两元五角,共八十二元五角。后及六月十六七八廿五次,每次一元五角,共三十九元。开刀费十元,腿及肛门各一次,一次五元。又肛门洗费七月十一起八月十九止,三十七天,一天五角,共十八元五角,大共一百五十元余十三元。因病剧治,难于开刀,费及洗费有加送者（赏用人两元在内）。精神耗损，经济绸缪，觉此身为累，真不浅矣。

今距起病已一百二十日，创口幸合，然左踵距地半寸许，强下之则痛，且腠胠软剉无力，不知尚须几日将养，方能复旧也。每审病由，殆十年所积，内扰七情，外撄百疹，一朝并发，故虽溃决在下，上连脏腑，九死一生之症，不遇能手，不能奏功。计未诊前四十日，药则寒热杂投，食则日仅一溢，大解不及五次，倘其死也，实为意中，而竟有镜怡之先鉴，六妹之忆及，吴升之屡催，十六日之呓约，卒以此生，足知人生万事有定，非特生死，即疾厄久暂，亦若不能强为迟速。噫！痛定思痛，虽不死，殆有甚于死者矣！[1]

此次重病，使陈范卧床三个多月，这令其痛苦不堪。某日可以不需要他人搀扶，依靠拐杖在室内行走，陈范十分欣喜，曾作诗《足疾一百余日，九月廿三始杖行室中》：

竞渡偏教足不前（以五月五日得病），登高节过尚高眠。一朝喜免人推挽，十步能随杖转旋。早已达观忘四体，无如生世赖双跰。头头俗事来心上，莫去尘根是得天。悟彻玄微息息通，此身原在有无中（用陈梦棠女士句）。意飞尘满眼悲欢过，逝水流年得失空。便礼如来何世出，只除太上尽天蒙。启衾知免不消说，诚到忘形是始终。我见从今未可除，不言无我是真无。钟情莫漫区人己，大道由来浑实虚。当日未曾生使独，后来终信德非孤。七情淡尽身何倚，内念全凭外物扶。解腕从来称壮士，断头尚且有将军。不堪胫大逾于股，岂为臣强失在君。锋试倭刀将见骨，力支邛杖与同群。屈伸非比无名指，便有秦医孰使闻。南尽交循北大都，岂惟安步可当车。一从寝疾呼门弟，久废徒行偬大夫。失屦何曾惊豕立，携竿权用代鸠扶（无杖以竹代）。问年未及杖乡国，莫便指麾傲里间。危则相持颠则扶，此君原自不能

---

〔1〕　陈范：《原病》，王敏编校《陈范集》，第169—171页。

无。桃榔未乞花猪换,筱簜今先竹马驱。漫笑空心同老树,谅因错节免枝梧。皇娥若肯偕游戏,便结芳茅作相乌。

　　生病期间,小女儿陈信芳的来信,使他倍感欣慰。陈信芳是陈范的第二位夫人庄芙笙所生,陈信芳出生在后不久,庄芙笙即去世,因此幼年寄养在庄芙笙的娘家,四岁时才回到陈范身边。陈信芳曾与长姊陈撷芬一道在上海中西女塾就读。十岁时,在一位热心女士黄韵玉的帮助下赴日留学。陈范在醴陵时,信芳回国与陈范团聚,并在醴陵县女学校任算学、手工、音乐教习。〔1〕可惜好景不长,与陈范短暂的团聚之后,信芳又再次赴日留学。陈范长沙卧病之时,信芳不在身边。可以想见孤身一人、贫病交迫、卧病在床的陈范,在收到女儿日本来信时的无限欣慰之情:

得艾女自东校寄书却赋

家庭促顾后,世界早驰驱。
此亦人生幸,休将豪气除。
学中有真乐,友合胜家居。
太息金闺彦,惟求非议无。

琐琐历沧海,堪怜更可奇。
家贫得良友,海外遇名师。
刮目阿蒙小,端人孺子知。
开缄忘病卧,如见我佳儿。

至性天然好,神魂病榻趋。
凭他千裹药,逊汝一封书。
头角蹻侪辈,胸襟隘丈夫。

────────
〔1〕据陈范:《得艾女自东校寄书却赋》"题记":"艾生而育于外家,四岁还。至十岁而赴东洋,十四岁归。与展素黄女士同居越年,至赵氏姊处小住五月,随汪氏妹到湘,去年为算学、手工、音乐教习于醴陵县女学校。校散乃归。又教读于吴、陈二氏。今春承黄韵玉女士力邀,且代措学费,乃得复入横滨红蓝学校。计家居只六年,而六年中,复在上海中西女校肄业一年半。"详见王敏编校《陈范集》,第48页。

中郎空有女,如我乃非虚。

远念诸尊尚耳(女来信询诸姑及舅氏寓趾),情真学行真。

圣人扩胞与,�(狷)俗失依因。

况汝寡兄弟,兼予久一身。

计年十六度,十载赖旁亲。〔1〕

2. 交往的友人

湖南期间,幸有汪文溥夫妇的照料和友人的辅助,贫病交困的陈范勉强渡过难关。除了汪文溥之外,湖南期间陈范还有几位交往甚密的友人,与其相互诗词唱和、切磋佛法,这对孤身一人、客居他乡的陈范来说,是非常重要的精神慰藉。与陈范交往最多的友人是史良和傅尃。陈范去世后,二人曾收集陈范在湖南时期所作诗词文和书信,为陈范诗文集刊印出力甚多。

史良,字采崖,为醴陵当地的名流,"史子采崖,醴之闻人"。〔2〕曾创办醴陵女子学校。汪文溥被捕入狱之时,与陈范一道设法营救。陈范在醴陵时,曾经在史良的西山蕨园居住一月有余。陈范小女儿陈信芳从日本回国来醴陵与陈范团聚时,在醴陵女子学校当过一段时间的教习(教师)。陈范与史采崖有非常好的私人交谊,陈范专门为他们的交谊作了一篇《笃交赋并叙》,记述他们之间的友情:"史君采崖,相交垂半岁矣。始共晨夕于西山,继托旅踪于阛市。言笑晏晏,聚阔勿睽。"〔3〕

史采崖十分推崇陈范所写诗文,每与陈范分别时,必会表示:"子必有以贻我,俾为异日记念。"〔4〕因此,陈范与史采崖的诗词唱和最多。陈范也视史采崖为"诗知己",陈范每有诗作,史采崖"评骘极当,见解极快"。〔5〕陈范有多首诗赠史采崖,以下仅举其中几首:

〔1〕 陈范:《得艾女自东校寄书却赋》,王敏编校《陈范集》,第48页。
〔2〕 陈范:《清明祀赋并叙》,王敏编校《陈范集》,第256页。
〔3〕 陈范:《笃交赋》,王敏编校《陈范集》,第255页。
〔4〕 陈范:《笃交赋》,王敏编校《陈范集》,第255页。
〔5〕 陈范:《赠采崖三首》,王敏编校《陈范集》,第55页。

其一

赠别采崖四首

回思未料再逢时,十日欢娱不预知。

到得开颜驹更骤,一经回首驷难追。

佛空诸法还因著,人说忘情便是痴。

哀乐无非躯壳事,不妨听客之所为。

一生颠倒在情关,欲辟无从闲正难。

已醒卢生还纪梦,不忘勾漏尚求丹。

登场哀乐非由幻,摄影妍媸未易瞒。

待得剧终图就日,好留底本与人看。

出世非时住世非,能忘出住是玄机。

花开百种同香色,江尽九回无范围。

一眴电光须照彻,便知梦境要因依。

不平何处求平去,日日楼前看翠微。

羡君心似过矶流,流遍河淮总不留。

世界今为腥血果,文章持比素封侯。

相知恨晚人将老,入梦求因天亦愁。

赢得江郎才未尽,临风遥望渌江头。〔1〕

其二

庚戌〔2〕九日饮采崖

一年五九节重日,古来记念人能说。

最难风雨避重阳,登高十度九不得。

还记去年约傅刘(文渠、今希),十日淫霖苦不息。

已过所期念四时(十二日始晴,同登岳麓),才到龙山看红叶。

---

〔1〕 陈范:《赠别采崖四首》,王敏编校《陈范集》,第220页。

〔2〕 原文为"庚戍",误。

今年二子去何处，况我槃散病行汲。

拥衾卧醒只苦吟，便漉醇醪懒独酌。

西山采蕨翁，翩然来自湘江东。

茱萸胜会辞不赴，自携甘酒就蜕公。

可怜相如四壁立，得此豪兴如虎龙。

烹雏剥粟节常馔，万钱日食安足风。

举杯未饮已心醉，千波万壑罗心胸。

长歌当哭为君道，欲语不语还矇眬。

屈平沉江作竞渡，宣武登临成故事。

愧我悲欢五十年，春秋都有伤心处。

寸心得失知者谁，差幸薄言不逢怒。

惊魂动魄纪念时，欲避无从忘不去。

恨不换太初历，恨不改长春节。

一年三十六旬六，少此数日何足惜。

狂言未竟君笑叹，笑我百死心不寒。

西山曾记瘗魂魄，遗蜕又起波与澜。

不如且尽杯中酒，明年何处作重九。

有君一日君不忘，便是天长与地久。

悲身悼世代有人，何用后来知尔我。

君不见汨罗江上金鼓阗，投湘一赋二千年。

又不见秋山遍插茱萸草，遗臭流芳置半边。〔1〕

这首诗作于陈范长沙大病痊愈之后，史采崖由醴陵前来探视，
"西山采蕨翁，翩然来自湘江东"。陈范感慨万端，联想自己的坎坷经
历，悲伤无限，整首诗读来如同哀伤无限的倾诉，"举杯未饮已心醉，
千波万壑罗心胸。长歌当哭为君道，欲语不语还矇眬"。

陈范视史采崖为忘年交，对其极为推重。在陈范病重、以为自己
将不久于人世之时，曾经把自己的诗文托与史采崖保管。据《残宵梵

---

〔1〕陈范：《赠采崖三首》，王敏编校《陈范集》，第55页。

诵自序》:"岁庚戌之夏,得死疾,悉以两三年来所存碎稿付蕨园,不意复活。"〔1〕

陈范在湖南期间另一位交往较多的友人是傅尃。

傅尃(1882—1930),字钝根,号君剑。湖南醴陵人。南社湖南分会的负责人。陈范去世后,傅尃著《陈蜕庵事别录》一文,悼念陈范。文中追述与陈范交往的一些片段,颇为传神地勾画出陈范湖南时期的生活和精神状态:

其一:

> 己酉春,余在长沙,闻人言蜕庵,谓其人甚奇。云是革命党,曾作官江西,旋以《苏报》入狱。出狱后,其家荡然无存。与之言,询其往事,皆不甚了了,殆如梦初觉。人或与更言他事,一引其绪,则语语玄妙入微,否或微笑而已。闲居耐苦思,尝谓一寻常俗语,皆有至理。有索其赠诗者,辄累百数十言,能肖其人,不待起草,径书之笺扇,又尝趣刘今希诸人为文生祭之。

其二:

> 是年(己酉年,1909 年)六月,余自长沙归醴,与蜕庵相见。初若漠然,稍久始益亲。……蜕每留余坐至更深,往复上下其议论,道古今成败。论事当否,旁及文章轨则,骚雅之所留遗风,人之所讽咏,相与欣赏叹息寻索探讨,时具神思,若将可以终身者,不自知其穷而将老也。

其三:

> 庚戌〔2〕九月,乃复遇于长沙。时以病足故,居旅次与日医邻。一身外无长物,赖友人时遣仆来慰问而已。一日以病足示余,刀痕长可尺许,云患脚气,须剖理始效也。余问觉痛苦否?答谓云何不痛。又笑谓何不以身为外物?曰苟能以身为外物,

---

〔1〕 陈范:《残宵梵诵·自序》,王敏编校《陈范集》,第 227 页。
〔2〕 原文为"庚戍",误。

则疾将任之,无治为也。因以足疾诗见示。犹记其当日未曾生使独后来终信德非孤之句,以为尔我共喻之言也。旋复返汪寓,余赠以《大乘起信论》。越数日复余,谓其意趣多与平日所见合也。余与栩园访之,坐榻上,不能行,积稿数寸,皆就榻前短几书者。有杂文,有史评,有诗有词,今不复忆。蜕庵于文,老而弥笃,颇作身后想。尚冀人间能传之,余曾介之入南社。尝谓余:君少年才力可自致,吾老益衰,胸中古义寖失,又屡丁忧病,恐不久人世。念名与身灭,渐用自疚。使更假我数年者,或当老而有成。今自视不能矣!将如之何?顾人海中如蜕者,又何可胜道也。抑吾且身之弗恤,家之弗恤,而尚复眷眷于身后名,岂非大愚,无亦念跛者不忘履,眇者不忘视。文学之寄,不绝如缕,更十年种且变矣,谁与斯责?君其任之。君少年才力可自致,在好为之耳!蜕庵作是语时,泪荧荧承睫。及今一追述之,愧对故人地下矣。

其四:

岁辛亥,蜕庵再至醴。六月余于何春舰师处,迹其居址往访之,入门把袂,视余不作一语。久之,乃问顷从何来?何久不见?有诗否?余则示以近作,欣然击节,援笔赋五古二章赠余,复示余以壁间自篆一联,集定庵"各悔高名动寥廓,侧身天地我蹉跎"之句,旁识小字,谓久不见吾钝公,留此书壁间赠之,恐蜕庵遂死,钝竟不来,辜此一场凝伫也。因各大笑,遂亦索余赠联。余为易书"各悔高名动寥廓,更何方法遣今生"之句,相与太息久之。

此外,傅尃还记下了二人最后一次一起饮酒时的情形:

是日大市酒馔款余,殷勤速余饮,谈论甚欢。而余已大醉,卧榻上逾时始醒。醒则蜕庵尚酌酒相待曰:"君其为我饮此一杯,前一醉了今世,再饮结来生未了因也。"余以"此老好作谰语"辞之,而蜕庵固相属持不可,孰知此会以后,遂与蜕庵成永别耶!

傅尃对陈范的诗词文也十分推崇,陈范则视傅尃为忘年交,二人情谊深厚。仅从 1909 年 5 月间的一封书信,即可反映出二人相知甚深:

> 君以三月五日四次顾蜕庵,而竟未遇,然铭佩厚意至矣。相念切时,取大著诗词槁读之。知文如其人,一种粃糠万物潇洒超逸之神味,已深印蜕庵脑膜。采崖来,承惠篇什,敬如命奉和。君真知我,必有深谈之日也。蜕庵顿首。四月十二日。[1]

傅尃通佛法,陈范来湖南后亦读佛经,可能与傅尃的影响有关。除了前文提及二人曾经切磋《大乘起信论》之外,在长沙大病痊愈之后写给傅尃的诗当中,陈范亦谈到自己对佛法的体悟:

> 百日病不死,天亦畏狂生。
>
> 人间无立足,佛法失归程。
>
> 久卧疏吟秉,多情感众擎。
>
> 倘为却克跛,来世拜分明。[2]

〔1〕 傅尃:《陈蜕庵事别录》,王敏编校《陈范集》,第 185—189 页。
〔2〕 陈范:《病足长沙寄钝公》,王敏编校《陈范集》,第 221 页。

第七章　暮年的陈范

一、由湖南回沪以后

1912年春,陈范离开自己旅居近5年的湖南,返回上海。陈范此时回上海是出于多种考虑:一是陈范守寡的儿媳(即陈范次子陈仲岐之妻)和年幼的孙子,需要赡顾;二是自长沙重病之后,陈范感觉自己的身体、精力渐衰,也希望有亲人在身边照看,"即遇事力振,心有余而力不足。故朝晚寒暖,亦颇思膝下之维持"。此外,陈范的父母安葬地距离上海很近,回上海后,更方便探视双亲坟茔。至于回上海之后对自己生活方面的安排,陈范的打算是"觅一不甚劳不甚逸之事以自处。一则消遣,一则自资"。[1]

令陈范感慨不已的是,虽然离沪只有五六年的光景,但是周遭的一切都已发生了天翻地覆的变化。清朝被推翻,民国建立,陈范虽然未被当作革命元勋,然而已不再需要东躲西藏。再次返沪的陈范百感交集,与亲朋故旧相逢,恍如隔世。在给友人傅専的信中,他写道:"仆飘摇江渚,饱饫风霜。纪元春尽始抵沪渎,旧历试灯节矣。朋旧似隔世之逢,姻亲有白头之叹。欢余而戚互难制止。盖人之视仆如

---

〔1〕 陈范:《与史采崖书》,王敏编校《陈范集》,第 279—280 页。

武陵渔父才出桃源,仆之自视亦如蓟子训重到洛阳。"〔1〕一位与陈范重逢的旧友夏曾佑〔2〕曾作诗,表达时隔多年重逢"兀然相对两头霜"的无限感慨之情:

别蜕盦八年后相见于海上,作此赠之

夏曾佑

十年不见两茫茫,忽尔相逢语转忘。

一劫那能一宵说,此江更比此心长。

琉璃厂外泥没脚,关帝庙前酒满觞。

自问只疑弹指耳,兀然相对两头霜。

眼前依旧一尊陈,便尔匆匆算一生。

往事已随名世去,出门便有大江横。

野言零落原无次,秋梦悠扬不记程。

只是迷津何处问,十年随例约归耕。〔3〕

更令陈范感慨万端的是他还遇到了不久前才从英国留学归来的章士钊。而此时距离苏报案发生已近9年。

9年前,因俞明震等人的暗中庇护,章士钊并未受到苏报案的牵连。"苏报案"后,他又创办《国民日日报》,出版《革命军》《皇帝魂》《孙逸仙》《沈荩》《攘书》等,继续宣传革命。1904年底,因万福华在上海刺杀广西巡抚王之春事件〔4〕牵连,被捕入狱。不久,章士钊被保释出狱,之后前往日本。在日本期间,章士钊第一次见到孙中山,也遇到了当时仍在日本的陈范。1907年,章士钊留学英国。武昌起义之后,章士钊回国,落脚上海,在于右任主持的《民立报》当主笔。

---

〔1〕 陈范:《致蕨园书》,王敏编校《陈范集》,第159—160页。
〔2〕 夏曾佑(1861—1904),字穗卿,号别士,又号碎佛,浙江钱塘(今杭州)人。光绪十六年(1890)进士。历官礼部主事、祁门知县、泗州知府等。与康有为、梁启超交游。有《夏曾佑诗集》。
〔3〕 夏曾佑:《别蜕盦八年后相见于海上,作此赠之》,《民国杂志(上海)》,1913年第5期。
〔4〕 万福华(1865—1920)安徽合肥人。早年倾向维新,戊戌变法失败后开始从事革命活动。光绪三十年(1904)冬,愤前广西巡抚王之春出卖国家利权,遂跟踪至上海谋刺。因不谙枪法,功败垂成,被捕入狱。

也就是在此时,陈范回到上海。

与章士钊重逢,陈范心情极为复杂。此时据二人日本见面时已经7年。这7年间,陈范历经磨难,"别行严七年,君学海外,仆伏草间,不意相逢"。陈范赋诗三首,赠章士钊:

一

谁道余生在,逢君又此间。

不愁髭鬓异,转觉话言悭。

潇晦昔□晓,回漩今出山。

江侯真有笔,莫信梦中还。

二

恍惚闻踪迹,常疑把握难。

终军弃繻远,董相窥园宽。

灯月江春旧,潮流水国残。

依依忆畴昔,一劫了悲歌。

三

莫叹黄炉过,生存有故人。

水流花落处,云破月来因。

入道诗如吃,安禅交亦神。

暂兹携对地,回息一轻尘。[1]

再次返沪的陈范生计仍然没有着落。其时民国刚刚成立,一些对辛亥革命和民国建立有功勋者得到表彰,但是陈范并不在被表彰之列。亲友均为陈范抱不平:"当是时,南京政府既建,革命将告成功,人人自谓手造共和,尽瘁民国,某为伟人,某为志士,某又为老同志……而君韬晦如在东时,益绝口不道前事。""于是益重其困"。[2]

无奈之下,陈范试图通过其他途径获得一些救济。回常州料理老宅时,途经苏州,陈范曾拜访时任署江苏都督府都督的庄蕴宽。

---

〔1〕陈范:《别行严七年,君学海外,仆伏草间,不意相逢,赋赠三首》,王敏编校《陈范集》,第99页。

〔2〕参见兰皋:《蜕盦事略》,王敏编校《陈范集》,第181页。

庄蕴宽为辛亥革命元老,也是陈范弟媳、陈韬之妻庄曜孚的兄长,同陈范有旧交。但是庄蕴宽对陈范态度颇为冷淡。一些熟悉陈范的亲友也以各种方式相为接济。汪文溥出面函告庄蕴宽陈范在苏报案后的遭遇,但是庄蕴宽置之不理。吴稚晖则建议陈范以恢复《苏报》为名,向时任上海都督府都督的陈其美请求返还被上海道没收的苏报馆财产。万般无奈之下,陈范接受了吴稚晖的建议,以恢复原《苏报》为名,具文陈其美,请求陈其美调查被上海道台没收的苏报馆财产是否还在,如已不在,请陈其美另拨款资助恢复《苏报》。此文曾刊登在章士钊任主笔的《民立报》:

> 具呈公民陈梦坡、汪幼安为重办《苏报》请发还机器、铅字及生财等件事。案查梦坡等于戊戌之秋在上海创办《苏报》,其时正植〔1〕满清政府厉行禁扼言论政策,查封报馆,拿办主笔,横暴不可向迩。而《苏报》于万口皆瘖之会,倡持正论不□威惕,时时与万恶之政府磨荡冲激,盖濒于危者屡矣。中间梦坡曾赴烟台,幼安独任报□者半年。嗣□梦坡北旋,幼安西上,而《苏报》始终持监督政府、导引民权惟一之宗旨,縣历四载,未稍变越。旋复得吴君稚晖、章君行严、章君太炎、邹君慰丹等提携撰述,于是《苏报》遂于中国报界放特别异彩,而为鼓吹革命之先声,宜乎其披祸至烈且酷也。壬寅〔2〕《苏报》之难,为中外志士所愤痛,其事始末,当至今犹留脑海,无庸觏屡。当时章君、〔3〕邹君〔4〕即时入狱,而梦坡父子亦先后被逮。同时牵连就逮者尚有多人,而邹君竟以永填牢户,赍志九原,尤可深恫。今幸革命告成,民国肇立,同人恫往忾今,以《苏报》之役为最初与政府宣战之职,虽一时横被摧残,而嗣后言论鼓吹如火始燃,如泉始达,遂一往而不可遏。满清政府之颠覆兆于是。今不可不组织《苏报》之复活,以为我中华民国言论界留一绝大纪念。经查苏报馆被封时,

---

〔1〕 原文如此,应为"值"。
〔2〕 误,应为"癸卯"。
〔3〕 指"章太炎"。
〔4〕 指"邹容"。

所有机器、铅字及馆中生财一切，概为前清上海道署所没收。此项机器铅字等系从前梦坡、幼安经手接购胡君铁梅之件，原价为五千金，嗣后添置铅字及生财等，又费三千金。应请都督行查旧沪道署原筑，将前项没收原件照数发还，以为重办《苏报》之用。倘各件已变价或弃掷，无复存在，则请酌于沪道原有范围之公款内，饬拨银八千两，作为发还原价。惟此款应请作为民国政府所给《苏报》之基本金而不作个人之私产，由办理人领收，组织筹办。其有不敷自行募集。务使扩张完善，宗旨严正，永为民国前途效力。当然之鼓吹，以勿负都督主持之盛意。复查南京政府曾宣布命令，征求国事被祸及毁家纾难事实，意在予以相当之恤偿。窃思吾人奔走国事，自为天职之所应尽，因此而婴荼毒，灾身覆家，甘之如荠，绝无要求偿恤之心。故前事各人所受损失，殆难数计，均请置之勿论。即此机器、铅字，本为私产所置，倘蒙准发原价作为公股，无人私为己利，合并声明，须至呈者。[1]

同一天的《民立报》还发表了章士钊以"行严"笔名撰写的社评《〈苏报〉将复活乎?》，支持陈范的诉求：

苏报案，不可谓非革命史中之一纪念也！本报今日刊行该报旧主人陈君梦坡呈沪都督请发还机器重办《苏报》一文，凡知苏报案者，读之当作何感想？

距今日正十年，时亦当春夏之交，三马路苏报馆之楼上，曾为记者备有一席。记者与邹威丹、张博泉踞案谈时事，恒彻日夜不已。在今思之，犹昨日也。《苏报》以前，吾国新闻纸无谈革命者，《苏报》以谈此物而毕命。毕命既十年，《苏报》自蒂之花，终结一实，以为复活之兆。而其生财等物，转当觅之于铜驼荆棘之中，未必既得。此安得不感时抚事增惋伤耶！

吴君稚晖为记者言曰：陈君梦坡之坎坷，实《苏报》累之。盖全馆遭没收，而其父女乃失所也。是则陈君前为社会牺牲者，

〔1〕《〈苏报〉旧主人呈沪都督文》，《民立报》，1912年5月2日第10版。

社会为回复之,乃是情理之平。记者既热望沪都督即准陈君之
呈,并诉之舆论,使主张公道,以为后盾。〔1〕

此外,蔡元培等还出面联名向刚刚成立不久的民国政府申请救
济陈范守寡的儿媳。这份申请由吴稚晖执笔,全文如下:

前教育部总长蔡、前北京大学校长章、前安徽都督孙毓筠谨
呈大总统钧鉴:窃十年前鼓吹革命时代之党狱,首先昭著于海
内者,莫如癸卯之苏报案。缘苏报主人陈范,本筮仕于前清。怂
政治之不良,遂于上海张园屡次开会演说革命。并刊其词于《苏
报》。适清吏严密侦访,乃与章炳麟、邹容等著书倡变。在癸卯
闰月初旬同遭捕拿。陈范号孟坡。牒中并开两名,构之甚急。
由其子陈颂麒代赴法庭,始得亡命日本。然苏报及陈氏私人之
财产价值累万,均遭上海道收没,其子颂麒系狱数月。出狱未
久,郎因挫折殒丧。陈范流亡海外,窜伏穷乡,骨肉遗离,饥寒忍
受,如是十年。殆癸亥义师既起,随湘桂联军总司令部于役武
昌,始见天日。共和告成,遂隐上海。经沪军都督陈其美调查上
海道所没苏报财产,已辗转移拨散失净尽,无可追还。止面允移
咨江苏都督程德全,俟公款饶裕时,酌量赔补。陈范以流离困厄
之身,已衰老不胜职务。孤寄海上,衣食不能自给。情殊可悯。
当苏报案发之际,与陈范同以言论得罪,为清督魏光焘所侦。元
培等则适在《苏报》编辑部主事,目击陈范父子之受祸。故虽苏
报巨案昭彰于耳目。元培等又特据向日所亲见者为之证明。查
政府公报所载临时稽勋局暂订赏恤章程,属于特别劳绩之甲项
第二条有云:因出版书籍及新闻杂志,鼓吹革命,为前清政府所
戕杀及幽毙或放逐访拿者。又第七条有云:在本国或海外开会
演说革命宗旨,成效卓著,为前清政府所拘而戕杀,及幽毙或徙
放,及悬重赏访拿者。陈范实因开会演说革命,又藉新闻鼓吹,
震动海内,至遭悬赏访拿。革命言论之实效自此案而彰。流亡

<hr />

〔1〕《〈苏报〉将复活乎?》,《民立报》,1912 年 5 月 2 日。

至于十年。其子因系狱挫折而死。其产为官中收没而尽。情节颇觉郑重。核与稽勋局所定此项特别劳绩,应授九鼎勋章之例相符。其子陈颂麒因苏报案代父系狱,挫折身死。现存寡妻亦可比照该局所定恤金表中刑毙等一条之例,酌量给恤。是否合例?伏求大总统饬将等所呈陈范、陈颂麒当日受祸情形,交临时稽勋局审核批示。寅为公便。至《苏报》财产,查赏恤章程,并无给偿之例。仍应俟江苏都督或酌量情形,优予偿补。此次应可免予开列损失清单。故元培等亦不复屡绩,不胜屏营之至。谨呈。[1]

但这份申请似乎也石沉大海。生计无着的陈范一度靠写小说赚稿费获得一些收入,后经南社社友叶楚伧介绍,陈范进入《太平洋报》,任该报编辑。

《太平洋报》是辛亥革命后革命党在上海创办的报纸。1912年4月1日在上海创刊。由宋教仁、姚雨平主办,柳亚子、叶楚伧、苏曼珠、朱少屏、李息霜等任撰述。这份报纸以宣传资产阶级民主政治,反对袁世凯为宗旨,柳亚子等南社成员担任过该报的撰述。陈范在回沪后不久应该就参与了《太平洋报》的编辑工作,并且在该报发表论说《恤满略言》(1912年4月15日,署名"蜕存")和《言论岂以危民国乎》(1912年5月11日,署名"瑶天")。在他主编的文苑版上还发表了一些自己的诗作。

陈范在《太平洋报》任编辑大约仅一个多月,在1912年5月底,经南社社友仇亮介绍,他又前往北京,任《民主报》编辑。《太平洋报》曾登载他离开上海前往北京的消息:

> 蜕盦先生,阳湖名宿,南社耆旧。道德文章,卓然一世。十年前主持《苏报》,首倡民族主义,厥勋甚烈。党狱既兴,破家亡命,流转四方,数易名号。光复功成,复来海上,布袍幅巾,萧然不道前事,以视力欺世盗名之竖儒,夐乎远矣!近因同人创办

---

〔1〕《吴稚晖全集》卷八"国是与党务"3,九州出版社2013年版,第36—365页。

《东亚日报》[1]于北京,请其担任笔政,已于前日乘轮北上。同行者醴陵阳惕生君,亦南社健将云。[2]

陈范离沪之时,汪文溥作诗一首,为其送行:

满江红　送蜕庵北征

兰　皋

绿叶浓荫,春已逝,斜阳又晚。

来料理,琼宴樽俎,翠笺肠断。

同是天涯芳草客,还惊客里如云散。

看王郎斫地不成歌,豪情减。

归燕杳,帘空卷。

龙□也,延津剑。

尽青衫浣酒,泪痕相半。

意气当年依旧在,鬓丝无那星星乱(写至此,撷芬来言蜕已在舟中矣)。

待殷勤祖帐上东门,江帆远。[3]

《民主报》由国民党元老景耀月于1912年上半年创办于北京,报馆设在椿树二条胡同。陈范上任之时,即在《民主报》上登载一篇洋洋洒洒的文章——《本记者莅席之宣言》。在这份宣言中,首先将自己工作的职责等同于中国古人所言"三立"之中的立言,意义重大:"维古三立之义,言次于德而尚于功,顾不重哉!况日报文字,一纽万手,瞬发息驰。举凡德业事功,虽人自为之,我皆与有裁辅之责焉。记者忝厕本社编辑员之列,首自念职所宜尽,皇皇惟恐勿胜。"文中还阐发了对《民主报》办报宗旨的理解:"夫民主者,以民为主观也。民政之平,民交之尊,民卫之周,民隐之宣,民生之裕,民德之进,孰非吾人审思明议所宜及,而内维才学识力,无以尚乎凡夫。"并且表示自己

---

〔1〕 应为《民主报》。

〔2〕《陈蜕盦先生北上》,《太平洋报》,1912年5月28日。

〔3〕 兰皋:《满江红·送蜕庵北征》,《太平洋报》,1912年6月3日第12版。

第七章　暮年的陈范

将"勤勤自勉,冀达万一而已"。在这份宣言的最后,陈范又提到自己早年在《苏报》的旧事,又特别向读者表示,"至举记者昔在言论界之旧事,谓其风发雷动之今不如昔,揣为际困历险之消磨,皆非记者所计,而亦不愿读者以此属望记者也"。[1]

陈范在《民主报》任职大约只有一个多月。1912 年 7 月,陈范离开北京,返回了上海。关于陈范离开《民主报》的原因,据汪文溥所言是因"不洽于景耀月",[2] 而据陈汉侠回忆是因"水土不服"。[3] 这二者可能兼而有之。此后直至 1913 年春去世,陈范未再离开上海。

二、参与南社活动

自湖南回沪后,陈范比较重要的社会活动是参与南社雅集和筹办国学商兑会。

南社是中国近代史上的著名文学社团,发起人为高天梅、柳亚子、陈去病。成员多为同盟会会员。1909 年 11 月 13 日,高旭、柳亚子等在苏州虎丘举行第一次雅集,同时宣告南社成立。取名南社,其意为"操南音不忘其旧"。南社的宗旨是提倡民族气节,反对清朝的种族压迫和专制统治。出版刊物《南社丛刻》,发表社员的诗词、古文创作。辛亥革命前,南社有社员 200 余人,辛亥革命后,迅速扩张,人数最多时达一千余人。

陈范在湖南时,友人傅尃就将他介绍给南社创办人之一高天梅,之后高天梅从上海寄来《说剑》《听秋》二幅画,请陈范题诗。陈范在《赠天梅四十八韵》的题记中,曾记此事:"天梅设南社于沪渎,以振兴诗古文词为竖义,时论指为老生而不恤。天梅通达明远,非能洞见,何以有此? 旨既予合,而尤与老病颓唐,以吟弄娱遣不同,然足附以行矣。钝禅入社后,介予名于天梅。天梅以《说剑》《听秋》二图索题。"[4] 这时陈范虽然远在湖南,与高天梅等未曾谋面,但已有神

〔1〕《本记者莅席之宣言》,王敏编校《陈范集》,第 136 页。
〔2〕兰皋:《蜕盦事略》,王敏编校《陈范集》,第 182 页。
〔3〕陈汉侠:《蜕庵遗事之一》,王敏编校《陈范集》,第 191 页。
〔4〕陈范:《赠天梅四十八韵》,王敏编校《陈范集》,第 232 页。

109

交。回沪后,陈范才第一次见到高天梅、柳亚子等南社的骨干成员。陈范与柳亚子更是一见如故,"亚子以久思乍见,彼此欢然"。柳亚子还在上海非常有名的杏花楼款待陈范,此处也是早年陈范在沪时常光顾的饭庄。宴毕归来,陈范作诗二首,赠柳亚子:

清湘迟仁久,今挈早春来。

风物惜衰老,客心蕲转回。

拂襟尘乍尽,含意语多裁。

此是曾经处,新知共故杯(宴杏花楼,昔常饮此)。

柳亚子

最有相逢感,难忘未见时。

悬心随月落,入梦逐云移。

一寸春晖过,三更灯火知。

翻疑暂聚散,说有亦名痴。[1]

陈范与有"诗僧"之称的南社社友苏曼殊亦惺惺相惜,相互有诗词唱和:

人间无地著相思,划海分风杖一枝。

那悉密花簪帽日,贝多罗叶写经时。

诗中早见维摩病,世法难消大士慈。

君子沉吟侬自笑,不同哀乐只同痴。[2]

1912年4月11日,陈范正式参加南社。他在填写南社入社书时亦曾作诗二首:

题南社入社书毕口占[3]

白发皴容一病夫,问年已是日将晡。

〔1〕 陈范:《亚子以久思乍见,彼此欢然,承邀饮酒楼,归赋两首奉柬》,王敏编校《陈范集》,第101页。

〔2〕 王敏:《赠曼殊》,王敏编校《陈范集》,上海古籍出版社2021年版,第101页。

〔3〕 陈范:《题南社入社书毕口占》,王敏编校《陈范集》,第102页。

湘吴两处同相认，却笑居庐一尺无。

嗜痂傅柳同心癖（谓钝根、亚子），强赠才名与此翁。

毕竟胸中丘壑小，有时蔽塞有时通。

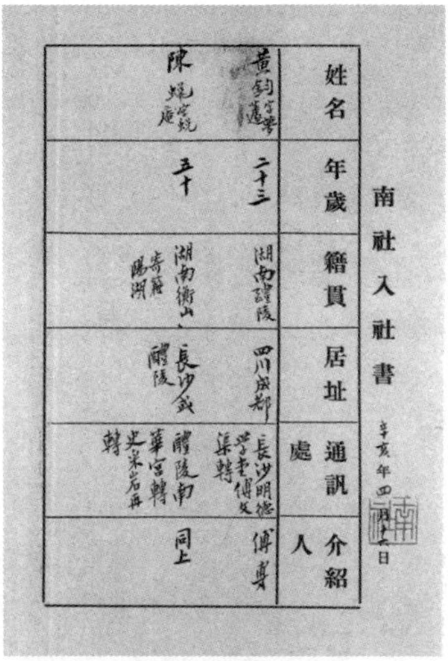

南社入社書

姓名	年歲	籍貫	居址	通訊處	介紹人
黃鈞 字[illegible]	二十三	湖南醴陵	四川成都	長沙明德學堂傅文渠轉	傅專
陳蛻 字蛻庵	五十	湖南衡山 寄籍陽湖	長沙或醴陵	醴陵南華宮轉 [illegible]	同上

辛亥年四月十六日

陈范的入社书（资料出处：郭建鹏、陈颖编著《南社史料辑存南社社友录1》，上海大学出版社2017年版。）

除了参与南社的活动，陈范还参与筹备国学商兑会。

国学商兑会是南社内部的一个学术社团，成立于1912年，发起人为高燮（号吹万）。以扶持国故，交换旧闻为宗旨，刊行《国学丛选》。陈范在北京《民主报》任职时，参与筹备设立国学商兑会北京分会，会址就设在《民主报》社内。陈范还起草了成立国学商兑北京分会的启事：

国学商兑会发起于东南。今蜕龛北游，同人以推广会义相属。蜕龛亦维秦城夏河之间，笃学嗜修，振古为盛。盖吾道之南，始于游夏。洎后派别，自因风气，非有异也。况今地脉久通，复更人灵遥集，而此都首出，明清踵居，八方之风备夙矣。用是刊行原启暂章，跂我同心，互持大雅。窃以谓国学沦今，如兰艾丛植，鲜采芳馨，淄渑并渠，莫辨醇厚。而艺数精阐，德慧宏进，忘所由来，易于脱距，不能自耀菁华，奚以同流瀛澥？盖两干各枝，若不苏此干，则但见彼枝，岂曰移接？本自贯通，苟为殊存，乃称完备。所愧蜕龛学尠而材废，意擅而言尽。譬嘤鸣幽谷，冀微声广应矣。北京分会所，拟设椿树二条胡同民主报社内。同志愿入此会者已非少数，此后研进，当副宏愿。

可能是由于不久以后回沪，陈范未再参与国学商兑会北京分会的活动。

三、弥留之际加入天主教

陈范回沪后,长女陈撷芬与女婿此时亦由美回国,暂时落脚上海。多年居无定所、独自一人四处漂泊的陈范此时得以和别离四五年之久的女儿团聚,正如汪文溥

陈范(中)与女儿陈撷芬(左)与及儿媳(陈仲彝之妻)钟氏(怀抱陈范长孙),1912年拍摄于沪上。

所言"君左顾班彪之女,[1]右挈黄琼之孙,[2]盖十数年穷老困笃,至此始稍稍悦怿"。[3]可惜的是好景不长,年仅四岁的孙子(陈范次子陈仲彝之子)在陈范回沪后不到半年即因病而殇。两个儿子一个在苏报案后失踪,一个被捕入狱,出狱后客死他乡,现在又失去了唯一的孙子,这对已年过半百的陈范打击之大可想而知。不久,陈撷芬又随夫赴四川。此时的陈范强打精神,作诗一首,送别女儿,诗中充满骨肉别离的伤感和对女儿远行的牵挂:

骨肉隔山海,眷怀无已时。

波回得团叙,岂昔意所期。

观颜后抚体,喜汝存躯肢。

十年患难中,颇具峥嵘姿。

〔1〕 指东汉史学家班彪之女、班固之妹班昭(45—117)。班固著《汉书》,未竟而卒,班昭续写完成。

〔2〕 黄琬(141—192),字子琰,江夏安陆(今湖北安陆西北)人,东汉名臣黄琼之孙。黄琬早年丧父,少年老成,很小就随祖父出入官场,后为东汉末年名臣。

〔3〕 兰皋:《蜕盦事略》,王敏编校《陈范集》,第182页。

第七章　暮年的陈范

同心勉嘉耦，万里求贤师。
欿然自视情，知汝将有为。

父子天性笃，况复十载违。
彼此忧患余，有泪非轻弹。
依依宛孺子，宛宛怜高飞。
此去几千里，蜀道闻险巇。
忠信涉何惧，夷旷在襟期。
愿汝扩令闻，莫怯违庭闱。

岷峩凤厚生，乃叹久兵戈。
轭重脱独难，辛苦乍自立。
边警接悬燧，劳师驻西徼。
晴云向雨飞，令我心恻恻。
从兹盼西鸟，感感逾畴昔。
山中好竹多，远寄计时刻。〔1〕

陈撷芬赴川后，陈范的生活又回归"阴沉惨厉"。此时的陈范虽年仅 50 多岁，但是身体已每况愈下。他感觉自己进入老境，心灰意冷，"益厌世欲速死"。〔2〕1913 年 5 月 15 日午后 4 时，从湖南回沪仅一年多后，陈范在沪西宝安里的居所去世，时年 54 岁。临终之时，身边只有小女儿陈信芳和妹妹德晖、妹婿汪文溥。陈范去世时，一贫如洗，靠亲友捐赠购买棺椁。去世前照料过陈范的一位友人曾详细记述他去世前后的情形：

……

蜕盦陈子，非余稔交。相知一载，无形见契。勖励有加，似砭薄俗。鲰生钦其德风，仪敬维虔。往还者数，不道私事。尝以拙著小说二种见许，谓有深爱于人，厚益于世，知己之感，特深于

---

〔1〕　陈范：《吉芬吾女偕婿赴蜀，诗以送之》，王敏编校《陈范集》，第 116 页。
〔2〕　参见兰皋：《蜕盦事略》，王敏编校《陈范集》，第 182 页。

113

文字。愿言之雅，尚昧于生平。初本知其宿心宿志，尽力革命事业，曾受非常痛苦。父子系狱者经年，全家且以是终破灭也。勋章勋位，烂于羊头。茹苦在先，宜期食报，不必出之怨望，何妨吐露一斑。复何拘忌，而隐晦若此？余亦若弗欲深知，绝未有所叩问。曩日同生死共患难者谅不乏人，即偶忘乎生前，将追述于身后。余有何知，而敢赘乎？独其近况，则知者恐鲜。盖吾见其茕茕一榻，蛰伏逆旅。所与往来者，无几人焉。笔而记之，吾之责矣。

陈子之在逆旅，余虽屡往，其作何生活，余不知也。其抱何愁痛，余亦不知也。鬖鬖白发，早添两鬓之霜，余不知其若何憔悴也。偶病足，不良于行，余弗审其若何调治也。在沪相识之人，所常与往来者，余知有陈君燕孙。偶往谘访者，余知有胡君寄尘。陈子交游广，必有远方过客，便道问讯。近地知好，密与周旋，余弗遇，故亦不知也。余故非稔交，陈子又未尝语我以亲密。询之燕孙，亦弗能道其详。然可知其索居之情况矣。

某日燕孙诣余曰：蜕老病，速往视。时则僦屋于城西宝安里。余踵其门，寂然无声响，扬声弗应。挨户而入，则一榻在户后，匍匐床褥间，伛偻其背。一弱女捶之。见余似不相识者，瞪目久之，指余坐，并指女视余曰：吾家弱息，才自东洋归来。语毕合目而睡。余知其神倦，静憩勿言。少顷，索腕胗之。其脉右大，重按皆微，暗惊其不祥。陈子宛尔而言曰：此躯壳恐支撑不住矣。余否否。曰此何足讳者。余仍否否。询之不谷食者数日矣，便不解，溲短赤，有痰嗽，舌苔黄，中剥，胸脘不舒，气机甚促，盖肺胃皆病。生化之源绝，而湿蕴中焦，秽恶内阻。惫已甚，不能大荡涤也。乃采归脾方，稍为增损，以助化机并劝进鲜牛乳，以助气血。鲰生末技，盖止此矣。是日余未多言，亦未多询，但默为揣索。病危至此，而但有一女侍奉，则必无子。尚留恋客地，则必无家。且闻僦屋等事，俱燕孙代为奔走，则必无亲戚。然余不敢问，恐伤其心焉。

余出门即代为觅送牛乳者，告以地址，及门牌几号。送牛乳者唯唯。隔一日复往，则知牛乳未送到也，乃以余所服用者与之。询其服药何状？则云尚合，但已有人介绍东洋医生，用西法施治。余甚以为然，又明日导送牛乳者往，稍探问，自后遂永别焉。

五月十六晨，（阳历）余赴校，途遇燕孙。呼余曰：蜕老死矣！问何时。曰：昨午后四时也。余惟惋惜而已。时燕孙实为之经理丧事。迨余课毕而往，则已殡于湖南会馆，而汪君兰皋料理后事。茕茕弱女，方整理行装，将投止于幼安之家。房主咆哮，必欲倍偿其金，以死人事为不祥，须酬资以祓禳。余解之弗从，且出恶言。兰皋与余商，事在租界，惟有诉之捕房耳。遂同行。兰皋语余曰：此老一生困顿，并子孙尽之矣。初有二男，以前清苏报案均逮狱。长男以此发痫，出狱后不知所终。次男婚后夭折。有遗腹孙仅四龄，亦于去年殇矣。现存二女一媳。长女随夫远行。媳不同居。次女新自东京毕业归，独送终焉。身后一无所遗。末路之悲，盖如此已。余因思苏报同志，今不乏稍有声气之人，奈何令此老生前困顿至此？若死后，则不足恤焉。

且语且行，已至捕房。晤译者周君，蒙传达于司捕务者，意甚周到，乃派捕同返。余于半途折回寓庐，以为事必了矣。后闻兰皋云，房主崛强，卒与五银币始解。其女公子现在幼安家。余故弗稔，聊以余所知者，迻述如右。倘亦知蜕盦者所欲知欤![1]

另据上海天主教所办杂志《圣教杂志》所登《陈蜕盦先生事略》，在小女儿陈信芳的劝说下，陈范在弥留之际曾经受洗加入天主教。

1913年4月，其时留学日本的陈信芳回上海。很可能在日本时，陈信芳已经加入了天主教。回上海后，陈范曾带领她到洋泾浜天主堂内行祭礼。在陈范病重之时，信芳"以老父灵魂为念，于侍疾之顷，谆谆婉劝"。[2] 陈范最后终于应允入教，由时任上海天主教进行会

〔1〕 大颠：《蜕盦末路记》，王敏编校《陈范集》，第183—185页。
〔2〕 秉直：《陈蜕盦先生事略》，《圣教杂志》，1913年第2卷第8期。

会长陆伯鸿亲至陈范住所，为其讲解宗教要理，实施洗礼。陈范弥留之际，陆伯鸿又为他施行坚振礼。

所谓坚振礼，一称坚振圣事、坚信礼、按手礼，是基督宗教的庄重礼仪，象征通过洗礼，受洗者与上主建立的关系获得巩固。六妹德晖来探视时，陈范已是处于弥留状态。陈范对六妹说："天父来命我矣！"[1]临终之时，陈信芳为他诵读敬礼圣母的玫瑰经（正式名称为《圣母圣咏》），"殁时，频视所佩圣衣，犹连呼耶稣、玛利亚圣名不止"。[2]

去世之前加入天主教，关于陈范生平事迹的记述当中均未曾提及此事。皈依天主教，很可能是这时的陈范已预感到自己将不久于人世。皈依天主，对他来说是现世苦难的解脱，也许他也期待自己能同已逝去的双亲和妻子在天堂重聚。死亡，也许对他来说并不那么令人恐惧。

令人无限唏嘘感慨的是，陈范去世十年后，陈范长女陈撷芬于1923年7月在上海病逝，时年40岁。小女儿陈信芳不知所终。1937年2月18日，距陈范去世已20余年，南京国民政府通令褒奖陈范。褒奖令全文如下：

陈彝范早岁在申办理《苏报》，

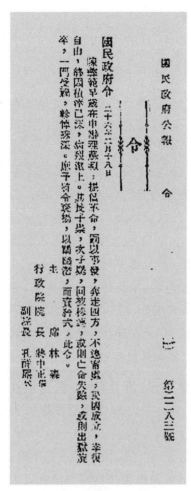

南京国民政府褒奖令

---

〔1〕兰皋：《蜕庵事略》，王敏编校《陈范集》，第182页。

〔2〕秉直：《陈蜕盦先生事略》，《圣教杂志》，1913年第2卷第8期。

提倡革命,嗣以事发,奔走四方,不遑宁处,民国成立,幸复自由,终因积瘁已深,病殁沪上。其长子崇,次子嶷,同被株连,或则亡命失踪,或则出狱旋卒,一门受祸,轸悼殊深。应予特令褒扬,以阐幽潜,而资矜式。

　　此令。

主席　林森

行政院院长蒋中正假

副院长孔祥熙代[1]

---

　　[1]《国民政府公报(第2283号)》,《中华民国史事纪要》编辑委员会编《中华民国史事纪要(初搞)》,中华民国二十六年(1937)(一至六月份),1985年。

第八章　陈范的诗词文和小说

　　陈范生前写有大量的诗词以及小说、寓言等。陈范去世后，由汪文溥、柳亚子等将陈范留存下来的诗词文编纂为三个集子，即《蜕翁诗词刊存》（1914 年刊印）、《陈蜕盦先生文集》（1914 年刊印）和《蜕翁诗词文续存》（1915 年），由南社社友集资刊印（每集数百本，未正式出版）。《蜕翁诗词刊存》《蜕翁诗词文续存》收录陈范所作诗词近千首。这近千首诗词分别编为《映雪轩初稿》《烟波吟舫诗存》《寄舫偶吟》《息庵诗》《闲情香草诗》《夜梵集》《蜕僧余稿》《卷帘集》《残宵梵诵（上）》《残宵梵诵（下）》和《蜕词续稿》，共 11 卷。其中《蜕词续稿》一卷为词，其他各卷均为诗。《映雪轩初稿》《烟波吟舫诗存》《寄舫偶吟》《息庵诗》收录陈范 1898 年来沪之前的诗作，其中《映雪轩初稿》为 16 岁之前所写诗作，《烟波吟舫诗存》收录 16 岁以后至 1891 年任职铅山县之前的诗作，《寄舫偶吟》和《息庵诗》分别为任职铅山县和落职后回常州闲居时的诗作，总计 230 余首。余下如《闲情香草诗》《夜梵集》《蜕僧余稿》《卷帘集》《残宵梵诵（上）》《残宵梵诵（下）》主要为湖南时期和 1912 年回沪后所写诗作。《蜕词续稿》主要收录陈范所写词，数量较少，共 6 首。诗词之外，这三个集子（主要是《陈蜕盦先生文集》）还收录了陈范不同时期所作赋和寓言等文学作品。笔者根据这三个集子所收录的诗词文等已编撰的《陈范集》已由上海古籍出版社于 2021 年出版。[1]
此外,笔者还从当时的一些报刊上收集到一些陈范的诗、文、小说
等文学作品,其中有一部分未收入前述三个已刊印的集子(详见本
书附录)。

目前所见陈范所留存的各类作品中,诗占绝大多数,此外是数量
不多的小说和文艺评论等。因篇幅所限,本书仅对陈范的诗、小说和
文艺评论略作评述。

一、陈范的诗作

陈范自幼年时就表现出相当高的诗词创作方面的天赋,而且勤
于诗作。据其自述,11 岁时即在父亲的指点下学作诗,16 岁之前,就
曾作诗 150 首左右。此后无论是为科考做准备时期,还是在铅山县
为官期间,陈范都有不少诗作。[2]尤其是晚年流寓湖南时期,"有
索要其赠诗者,辄累百数言,能肖其人,不待起草,径书之笺扇",诗作
当中的佳句"亦稍稍流传矣"。[3]湖南流寓时期,作诗几乎成为陈
范最主要的精神寄托:"幽忧无诉之时,惟有诗中著我。"[4]他留存
下来的大部分诗作都是这个时期写成。

陈范的诗作,风格颇似苏轼。柳亚子就赞誉他的诗"奔放不羁,
雅类坡仙"。[5]内容除了记述自己所经历的一些事情及其感怀之
外,还包括吟咏风花雪月、悼念亡故亲人以及感慨自己的坎坷遭遇
等等。

风花雪月自古就是文人诗词的吟咏对象。陈范 11 岁开始学作
诗时,就开始写这类诗作。如其中一首题为《梅花》:

> 风起香加远,春来放独先。
>
> 数枝横竹外,一树倚庭前。

〔1〕　详见王敏编校《陈范集》。
〔2〕　详见《蜕翁诗词刊存自序》,王敏编校《陈范集》,第 3 页。
〔3〕　傅専:《陈蜕庵事别录》,王敏编校《陈范集》,第 185—186 页。
〔4〕　陈范:《与柳亚子书》,王敏编校《陈范集》,第 165 页。
〔5〕　陈范:《残宵梵诵·自跋》"柳弃疾按语",王敏编校《陈范集》,第 250 页。

> 带雪心偏急，含烟色更妍。
>
> 晚来明月上，清影在溪边。〔1〕

这首诗构思颇为精巧，写风起时、春天、月下、溪边梅花的姿态和颜色，但全诗却不见一个"梅"字。另一首题为《牡丹》。牡丹虽开在春末夏初"群花零落"之时，但是却开得姹紫嫣红，尽显高雅富贵。在牡丹花的衬托下，暮春的天气也似乎令人感觉风和日丽：

> 魏紫姚黄开最迟，清和天气胜春时。
>
> 群花零落何须惜，富贵秾华在一枝。〔2〕

据陈范 1898 年前后整理自己早年诗作时为《梅花》一诗所写题记："予年十一。先君指庭梅命赋一律，予时未解吟咏，从塾师读过唐诗十余首耳。诗成，先君尤赏首二句，谓意韵如唐人咏蝉诗。又命赋牡丹，亦加称许。"〔3〕此后陈范还写过不少这类题材的诗词。如早年所写《春窗风雨词》：

> 一夜风声雨点中，零落春花满地红。
>
> 未见花开花已落，千林万树绿成丛。
>
> 春闺儿女浑愁绝，凭栏无语暗呜悒。
>
> 柔肠已被春风摧，香泪更和春雨滴。
>
> 春风春雨锁春寒，燕妒莺嗔一例捐。
>
> 更无庭院飞碧絮，但见池塘漾绛澜。
>
> 九十韶华在何许，小园寂寞春无主。
>
> 从来世事只匆匆，不须为春怨风雨。
>
> 君不见，春去春来春自春，绿窗几换惜春人。〔4〕

这首诗表达的是伤春之情，写得细腻委婉。全诗用了十多个"春"字，但并不显累赘，读来朗朗上口。

陈范在不同时期还写有多首悼念亡故的亲人的诗，均写得哀婉

〔1〕 王敏编校《陈范集》，第4页。
〔2〕 王敏编校《陈范集》，第4页。
〔3〕 王敏编校《陈范集》，第4页。
〔4〕 王敏编校《陈范集》，第4—5页。

动人。

一是悼念父母双亲。

拜奠先茔述哀

风木声初警,西湖边上庐。

山光愁积翠,波影黯连轳。

十载劬劳记,春晖奄冉辜。

便教魂气在,除梦更何如。〔1〕

这首诗作于陈范流寓湖南时期,他曾前往西湖祭奠双亲墓。

二是悼念袁氏、庄氏夫人。

袁氏为陈范的原配夫人,1889 年春去世。袁氏去世以后,陈范十分悲痛,曾写下多首悼念诗词,《伤心词》就是其中一篇。这是一篇长诗,记述袁氏从嫁入陈家至去世十二年间的事迹:

> 鲽鳞鹣翼忽西东,飘泊年华逝水同。一霎魂消寒食雨,十分春尽栋花风。风来雨去催何急,玉碎珠沉救不得。荀令薰炉欲禁烟,檀奴诗鬓都成雪。从来忧患入中年,况又流离各一天。吊影惭魂春有泪,悲兄哭父夜无眠。风鬟雾鬓经时别,琼芽粉箨先春苗。卢扁空悬肘后方,豨苓难补心头血。临危絮语最堪伤,不愿安仁赋悼亡。早世未须怜薄命,所天幸已得如郎。轻寒恻恻欺窗绮,薄雾冥冥罩庭墀。弄妆爱女哭失声,靧面娇儿扶不起。此时有泪亦难挥,但恨无翎不共飞。余喘已和朝漏尽,香魂渐逐纸灰微。伤心往事从头数,十二年前结缡始。徐淑何曾怨别离,少君从此同甘苦。入门幸逮事高堂,舞彩含饴乐未央。请袆独当尊者意,作羹先遣小姑尝。春晖可奈匆匆甚,连年摧折椿萱荫。百日和衣子职兼,两番刲臂天心斳。休文多病况颠连,继述全资内助贤。如在克修萍藻具,相庄为徼《蓼莪》篇。争说吾家有佳妇,始信慈嫜非过誉。女宗幼诵大家箴,余事还吟道韫絮。夜来明月晓来霞,秋日垂阳春日花。焚草翻言惭画虎,燃脂早已

---

〔1〕 陈范:《拜奠先茔述哀》,王敏编校《陈范集》,第 219 页。

异涂鸦。冰雪聪明玉皎洁，料道红尘住不得。沦落人间卅二年，不知何处仙曹谪。灵风猎猎旍悠悠，缥缈层城未可求。岂有三生重射雀，更无七夕与牵牛。云裳羽袂隔烟雾，玉枏珠襦委尘土。微雨黄昏独泪垂，秋风院落无人住。左家娇女剧堪怜，犹说年时伴母眠。泥我同归香阁内，道卿独倚画栏边。泪睫愁蛾尚仿佛，脂承粉盦从零落。蝠粪凝奁讶坠膏，蛛丝胃帐疑垂络。满庭花草绿萋萋，一片烟笼望欲迷。梦断风前应化蝶，心随月去不通犀。卫娥凤昔临池处，右军领略簪花趣。楮墨零星理不清，秦碑汉刻纷无绪。一回检点一伤神，如见当年问字人。玉帙展时存手泽，谶词忆到悟前因。世事由来只如此，沧海桑田等闲耳。杜鹃归去不须啼，燕子重来应尚似。频年半减十围腰，浪雨波风隐绮寮。岂分爨桐声入幻，竟令炊白梦符妖。经营斋奠都非计，已枉殷勤十年意。尽日沉吟感逝诗，不知何处埋愁地。金铺霜冷玉衣寒，写破琳琅泪未干。倘忆生前曾戏语，应来梦里劝加餐。[1]

诗中描绘了袁氏生前的许多场景，疾病缠身、医生束手、兄悲父哭、儿女痛不欲生，赞扬了她善理家务、孝敬公婆、克勤克俭的贤良品质以及能诗善画的聪明资质，更表达了袁氏去世后陈范无尽的伤感之情，如诗中"一回检点一伤神，如见当年问字人""频年半减十围腰，浪雨波风隐绮寮""尽日沈吟感逝诗，不知何处埋愁地"，词浅意深，十分哀婉。

庄氏是陈范第二任夫人，在陈范就任江西铅山县知县期间病逝。庄氏夫人去世后，陈范也曾作诗抒发自己的怀念之情：

舟次弋阳追悼芙生

萧寺还将绣帐垂，抛君独住益凄然。

可知风雨孤蓬底，有个愁人未忍眠。

又把莲筹数到完，和衣忘却五更寒。

---

〔1〕 王敏编校《陈范集》，第15页。

从来未肯分形影，今日如何梦也难。

思量无计避愁城，拚将樽前了此生。

试看青衫襟袖上，泪痕和酒不分明。

匆匆尘梦了前因，怕忆音容忆更真。

酒醒梦回窗月满，人间何世著愁身。〔1〕

这首诗应写于庄氏夫人去世后不久。某个凄风苦雨之夜，思念不久前去世现安葬在寺庙里的庄氏夫人，陈范倍感凄凉，"抛君独住益凄然"。如今阴阳两隔，只能梦里相见，"从来未肯分形影，今日如何梦也难"。陈范独自饮酒消愁，凄然泪下，"泪痕和酒不分明"。睡去后醒来，"酒醒梦回窗月满，人间何世著愁身"，更觉人生世间的无限愁苦。

某次祭扫袁氏、庄氏夫人之墓后，归途中十分伤感，赋诗一首，悼念已去世的两位夫人：

少惭不更事，壮悔觅封侯。

容我如骄将，依人失蜃楼。

一坏〔2〕掩绡帐，双玉寄斜钩。

地下偕居否，我来已白头。〔3〕

除了风花雪月、悼念亡故亲人之外，陈范还有相当一部分诗词主要抒发内心的积郁。此处仅举其中二首：

己酉纪念日忆梦楼草

去年今日记分明，岁纪匆匆又一更。

夜走蓝关魂悦悦（恍），梦迷白下响丁丁。

抛衾西驾因怜我，赠策南归又失卿。

冻雨絮云空怅望，不知何处觅三生。

江南黄叶梦中村，楚雨如丝万木昏。

欲问胶舟迟破瑟，难将失蜃责司阍。

---

〔1〕　陈范：《舟次弋阳追悼芙生》，王敏编校《陈范集》，第25页。

〔2〕　原文如此，或当作"抔"。

〔3〕　陈范：《奠袁庄两夫人墓途次，感喟交作，以诗志悼》，王敏编校《陈范集》，第219页。

肠回九曲都填泪,腰减十围为损魂。

遥想含颦还倚盼,桃花人面隔重门。[1]

这首诗作于 1909 年。据该诗题记:"怅昔愁今,泪填胸臆。欲为纾写,虽南山馨竹,未抵春蚕寸缕也。率吟两律,沉吟读之,以当歌哭而已。"

另一首则在 1911 年秋作于长沙。据该诗标题:"辛秋旅居长沙,时蜕盦入定已久,不复知天人有可感动事。朝来眠醒,忽酸风一缕,直贯胸臆,此何为哉!人性如水,潭蓄之则漩洄,壑纵之则泽肆。佛有慈悲,岂名不动。随动而任,心作不意。泌沸奔腾,过则息焉,但日日自看水源清浊而已。"该诗描述了陈范在"朝来眠醒"时自己所感受到的透彻骨髓的酸楚:

秋风酸刺骨,贯骨乃入心。

热泪欲夺眶,道塞还停凝。

此时如天马,纵控两不承。

纵则嗷声哭,万念恣搜寻。

搜寻无所得,力尽乃止声。

倘于回肠中,微见枯荄存。

乘时捷萌达,一瞬恣纵横。

惩此为控制,磐石皆蓁苹。

岂不快夷旷,魂梦滋纷纭。

澄然听流衍,勿与为含淳。

静观所止处,推助毋将迎。

回验一泓在,悠然欲披襟。[2]

坎坷的遭际,穷愁老病的境况,成就了诗人陈范。正如他在《残宵梵诵自跋》中所言:"况蜕庵七尺,沦疓海十年。管宁但坐绳床,张融更无船屋。虽潇湘吾土,谁识懒残?论建安才人,最怜公干。彼少

---

〔1〕 陈范:《己酉纪念日二首》,王敏编校《陈范集》,第 219 页。

〔2〕 王敏编校《陈范集》,第 88 页。

陵垂老,犹有浣花旧居。岂浔阳蛰居,长此天涯沦落? 然则诗人之厄,末路之穷,以古方今,于斯为极矣!"〔1〕

晚年的陈范勤于作诗,除了情感的宣泄,"幽忧无诉之时,惟有诗中著我",应该还有一个重要原因,这就是希望自己的诗词文能流传后世。据傅尃回忆,"蜕庵于文,老而弥笃,颇作身后想。尚冀人间能传之"。〔2〕因此,诗词写作可以说是晚年陈范生活最重要的精神寄托。陈范生前对自己所作的诗做过初步的整理和编纂,在他去世之后,汪文溥、柳亚子、傅尃、史良等人将陈范的诗词文汇辑起来,并集资刊印,使其得以流传,陈范的夙愿在其身后得以实现。

二、评《石头记》

《石头记》(《红楼梦》)为中国古典文学名著,成书于清乾隆年间。作者曹雪芹。这部小说起初以抄本的形式流行,自乾隆五十六年(1791)出现活字排印本之后,开始风行天下。至同光年间,由于石印等新的印刷技术的引入,《石头记》更是多次再版,仅上海就出版过10余个版本。陈范酷爱读《石头记》,这从他曾为《石头记》里的"海棠诗"作和诗——《秋海棠》就可以反映出来:

其　一

惆怅秋风度玉关,蓝田不住住冰盆。

红消香掩存空色,月后霜前觅断魂。

乍见已疑阴结子,相思未许梦留痕。

最怜小院无人处,盼过黄昏夜更昏。

其　二

素心颡顿隔朱门,珍重相携雪一盆。

莫讶夜来消碧血,定知倩女是冰魂。

相寻月地惟看影,便上春屏不著痕。

---

〔1〕 陈范:《〈残宵梵诵〉自跋》,王敏编校《陈范集》,第250页。

〔2〕 傅尃:《陈蜕庵事别录》,王敏编校《陈范集》,第185页。

云雨巫山何处是,朝朝暮暮总黄昏。[1]

点评《石头记》主要是陈范在长沙生病休养期间。据陈范病后所作《原病》,"史君采崖以四月十五由醴陵来省,日夕过从,意气稍振。十日而别,留《石头记》属予评,且属录旧作相寄。予时移榻上房,与幼媛妹东西对屋,卧起较适。日以录诗评《石头记》为事,一切心事,强付相忘,方喜渐归自然"。[2] 目前所见到的陈范《石头记》点评文章一共有三篇,即《列〈石头记〉于子部说》《梦雨楼〈石头记〉总评》和《忆梦楼〈石头记〉泛论》。前两篇收入《陈蜕盦先生文集》,最后一篇的部分内容以"蜕菴"笔名刊载于《文星》杂志(1915 年第 1—2 期),并收入《蜕翁诗词文续存》。《忆梦楼〈石头记〉泛论》为未完成稿,而且内容比较松散,基本上是陈范读《石头记》的札记或随想,因此此处主要评述前两篇,即《列〈石头记〉于子部说》和《梦雨楼〈石头记〉总评》。

陈范点评《石头记》的独特之处是以西方现代政治思想解读《石头记》中人物的言行,批判封建专制思想和制度,阐发个性解放的思想,被认为是"红学"研究当中的"民主说"。[3]

在《梦雨楼〈石头记〉总评》一文中,陈范提出《石头记》是"社会平等书也","谓《石头记》为政治家言,非高想也。欲附会之,亦无不可"。[4] 在《列〈石头记〉于子部说》一文中,又盛赞《石头记》是"东方之民约论","《石头记》一书,虽为小说,然其涵义,乃具有大政治家、大哲学家、大理想家之学说,而合于大同之旨。谓为东方民约论,犹未知卢梭能无愧色否也"。陈范认为,平等和个性解放的思想通过《石头记》的主要人物贾宝玉的行为和言论体现。

在行为方面,"事顽父嚚母而不怨,得祖母偏怜而不骄,更视谗弟而不忮,趋王侯而不谄友,贫贱而能爱,处群郁之中而不淫,临悍婢呆童而不怒,脱屣富贵而不恋。综观始终,可以为共和国民,可以为共和国务员,可以为共和议员,可以为共和大总统矣。惟消贞姬为尤

〔1〕《和〈石头记·秋海棠〉》,用原韵,王敏编校《陈范集》,第 211 页。
〔2〕陈范:《原病》,王敏编校《陈范集》,第 169—171 页。
〔3〕白盾主编《红楼梦研究史论》,天津人民出版社 1997 年版,第 148 页。
〔4〕陈范:《梦雨楼〈石头记〉总评》,王敏编校《陈范集》,第 127 页。

物,嗔慧婢以蠢才,为可訾处。但此是作者微旨。纯粹至此,不免受居养之移,足见率性为道,须臾不离之难也"。

在言论方面,"论文臣死谏,武将死战一节,骂尽无爱国心之一家奴隶。论甄宝玉一节,骂尽无真道德之同流合污。论禄蠹则恨人心醒聩也。论八股则恨邪说充塞也。论雨村请见则恨交际浮伪也。于秦钟则曰恨我生于公侯之家,不得早与为友,恨社会不平也。于贾环则曰一般兄弟,何必要他怕我,恨家庭不平也。于宝琴则曰原该多疼女孩儿些,恨男女不平也。接回迎春之论,恨夫妇不平也。与袭人论□衣女子事,恨奴主不平也。闻潇湘鬼哭,则曰父母作主,你休恨我,叹婚姻不自由。贾政督做时艺,则曰我又不敢驳回,恨言论不自由。至其处处推重女子,亲近女子,则更本意全揭。见得生今之世,保存大德,庶几在此。故曰怎么一嫁男人,就变的比男人更可杀。又曰:我生不幸,琼闺绣阁之中,亦染此风"。〔1〕

在众多的红学研究当中,陈范的"《石头记》民主说"颇具时代特色,可谓独树一帜,有研究者认为他"比王国维更巧妙地化用西方的理论,并具有自己的体验与创建"。〔2〕陈范的《石头记》点评在红学研究史上亦占据一席之地,其中《列〈石头记〉于子部说》收入广西师范学院中文系编《〈红楼梦〉评论资料选辑》、〔3〕湖南师范大学中文系《红楼梦》评论组编《〈红楼梦〉研究参考资料》;〔4〕《梦雨楼〈石头记〉总评》收入杜云编《明清小说序跋选》〔5〕和郭绍虞主编《中国历代文论选》。〔6〕

三、融政治与科幻小说为一体的 《平权国偕游记》

陈范写小说主要是在 1912 年春回沪之后至去世前,特别是陈范

---

〔1〕　陈范:《列〈石头记〉于子部说》,王敏编校《陈范集》,第 126 页。
〔2〕　刘敬圻主编《20 世纪中国古典文学学科通志》第 1 卷,山东教育出版社 2012 年版,第 66 页。
〔3〕　1974 年铅印本。
〔4〕　湖南师范大学出版社 1975 年版。
〔5〕　广西人民出版社 1989 年版。
〔6〕　上海古籍出版社 2003 年版。

在北京《民主报》时期。陈范写小说,应该主要是为了赚稿费。因陈范任编辑时期的《民主报》现已不存,笔者未能收集到陈范在《民主报》上发表的小说。目前所见的陈范所写的小说是《平权国偕游记》。这部小说曾在 1913 年的《万国女子参政会月刊》《亚东丛报》和《中华实业丛报》上连载。[1] 这是一部政治小说,也是一部科幻小说。

(一) 故事情节

《平权国偕游记》模仿陶渊明《桃花源记》,虚构思公、问公二人,于武昌起义的第二年,不经意间游历了一个人迹罕至的山洞,即"平权国",他们把游离平权国的见闻,记录在一种植物的叶子——贝叶上。此贝叶后来流传世间,上面所记就是《平权国偕游记》(以下简称《平权国》)。《平权国》全文分四篇,约二万字。开头是一段楔子,先写神奇山景、幽眇山洞,带出思公、问公二人游山、探洞,随后便引出写在贝叶上的具体内容,以及平权国的三个纪念馆以及纪念馆的具体内容。纪念馆共三个,即第一纪念馆、第二纪念馆与第三纪念馆。

第一纪念馆包括物品所、图画所与记载所。物品所即博物馆,分十余室,分别陈列钧衡、律度、规矩、符券、锁练、刑具、刀剑、枪炮、炸弹、针灸、药石,以及行使光电、摄取声影之器等。图画所分五室,以图片形式,展示以往历史,包括审判图、军警图、著名侦探承办疑难大案之画史、面具图、前后脑及内部脏腑图等。记载所是以图书形式记载人类进化、科技发展等历史,分二十余书室,计书二百架,图书十万卷,介绍人类不同时期学者辟旧研新、发明进化理实之作,分创说、续解、辨疑、择精、按实、述验、待起、原始八类。

第二纪念馆,包括教育处、实业处、建筑所、交通所。教育处分五类,包括培养、增益、分划、融会与练习。实业处分实、法两部,实部包括形有(诸如玉石之山、钻宝之藏及诸矿产,皆天然之品)、气有(与形有类似,而待时岁长成,需气候煦育,如林木、谷果、花卉、渔牧等类)、力有(为人工制出之品,如机器、火车、轮船等)、制有(金银铜三品货,及纸券流通券)四种。法部包括采制(按利者、巧者、捷者、奇者原则

---

[1] 刊于《中华实业丛报》1913 年第 6—13 期。

制造)、迎合(适应社会需要)、支配(物品分配,)、质剂(物品交换)四种。建筑所介绍平权国不及百年的建筑历史,分为三个时期:第一时期,国是初定,举国民之力,注重于全国之道路、农亩之阡陌、水道之支引等类建设,对于商场、工肆、学校也努力改良求适,而各公共机关,如治事、议政、徕宾、整军之所,只求备有,较众居略宏敞整齐而已。第二时期,各种公共机关的建设,研精尽智,悉臻美善。第三时期,全体国民居屋,一律改造。交通所分三个部分介绍交通发展情况,一水陆往来之交通,二书信投报之交通,三意念传达之交通。

第三纪念馆,主要介绍诸多在常人看来的不可思议之现象,诸如动物不死、人类长生不老、意念互输、知忆互据等。

全书内容表述多为问答体,即由访问平权国的思公、问公提问,陪同访问的授子、纪念馆的接待员回答。除了文字典雅、意境深邃以外,《平权国》还很有思想,表达了陈范对理想的未来国家和人民生活的憧憬和向往。平权国的特点一是平等,二是科技高度发达。

(二) 平权内涵及其表现

"平权"是《平权国》核心理念。其含义是世界上的国家,有的取合众之义,有的取共和之义,无论取何种国体,无论是共和还是合众,"皆须确到平权地步,这和合才能久远坚牢"。所谓平权,不但指国内,也包括国际,不但指人与人之间,也包括人与动物之间,"非但不分内外,即人物亦不分灵蠢,虽别动植,虽区无一,不当以此为对待之质"。[1] 这种平权,颇有些庄子《齐物论》的味道,而不单单是形式平等,并不是取消差别,指的是本质平等。"固同者必致之同,本异者宜任其异,勿失其性,勿阏其生,勿枉其用,勿强其能而已"。"譬如行轮轨不通之处,乘骏马而驰,马展其足,我量其程,彼弗能行,我不能勿止,即平权也"。[2] 马匹自与火车之类轮轨之车不同,火车可以不休息,但马匹不能不休息;火车可以不吃草,但马匹不能。假如有人以平权为名,看到马匹偶懒休息,便以为马匹懒惰靳力,因而加以

---

〔1〕　陈范(陈蜕庵):《平权国偕游记》,第一篇,《中华实业丛报》,1913 年第 6 期。
〔2〕　陈范(陈蜕庵):《平权国偕游记》,第一篇,《中华实业丛报》,1913 年第 6 期。

鞭棰，"必使喘汗溃沫，甚至蹶块覆辕而后止，双方交困，愚莫甚焉"。[1] 这就是误读了平权本义。与此相反，懂得马匹与火车的差别，"时其劳逸，养其气脉，和其中外，无勿神骏矣"。因此，所谓平权，其实质就在于"各尽固有之能而已"。[2]

平权也不是要强求形式上的相同。比如男女平权，关键在于彼此平等相待，"彼此相忘，非但无异视，并无不异视之见存矣"，而不是要求男女做同样的事。如果将平权误解为相同，那就走到了平权的反面：

> 男女性质本同处多而异处亦不少，不系乎同不同。譬如生育，专属女子，异也，非不平也。社会职业，治世则宜于女子者多，乱世则宜于男子者多，异也，非不平也。不明者往往误不同为不平，欲思强而同之，转昧平不平之真谛，而不能持平。[3]

男女平权在婚姻方面必然表现为婚姻自由。所谓婚姻自由，是与婚姻不自由相对而言的，"自由者反乎不自由，必自由之行为举不自由之流弊——免之，方是真自由，非脱却不自由三字遂为自由也"。[4] 在平权国，一切自然之物、制造之物，一切"形有、气有、力有之悉为公有"，包括土地、山峦、森林、车船、房屋等。最能体现平权特点是住宅，"各家家屋，莫非自为，亦莫不一式，制无高卑华朴之殊，工无巧细良窳之异。然其为此建筑之时，又绝非各分畛域，应组合共举者，可独力各营者，皆有部分。自经此番改造，酌稼圃林池沟洫之应有，与市肆宅舍之足用，适当支配，举国内之域，成一庄严灿烂之大场合，无非聚市成都，巍居广道，自无所谓丛林僻野、危巷陋室也"。[5] 平权国家庭人口结构也很均衡，各户人口相差不多，"生男稍多者，子随媳居，生女稍多者，女随婿居，通国之增丁有率，一家之

---

〔1〕陈范(陈蜕庵)：《平权国偕游记》，第一篇，《中华实业丛报》，1913年第6期。
〔2〕陈范(陈蜕庵)：《平权国偕游记》，第一篇，《中华实业丛报》，1913年第6期。
〔3〕陈范(陈蜕庵)：《平权国偕游记》，第一篇，《中华实业丛报》，1913年第6期。
〔4〕陈范(陈蜕庵)：《平权国偕游记》，第一篇，《中华实业丛报》，1913年第6期。
〔5〕陈范(陈蜕庵)：《平权国偕游记》，第三篇，《中华实业丛报》，1914年第10—11期。

继体有常,而又各互衰益,以济偶然之不均".〔1〕

平权国在教育方面最能体现平权精神。人始离母腹,有培成所;既备官骸,有育成所;既具知识,有习成所。"公屋公人公费,于家无所私占。迨毕业而就职事,又为公人。即至嫁娶以后,尚复如是,治事于公所,食于宾馆,各人之家屋,实各人寝台而已"。〔2〕

平权国科技极为发达,生产效率极高,物质极为丰富,道路宽敞整洁,房屋精致,材料考究,取材于百丈之窟,致壁于重楼之上,冶金于烈焰,剖璞于层山。所有建筑,皆以坚致精美合用经久为度。令人叹为观止的是,"其国屋壁窗牖,多以金类制成,可折叠,可拆卸,镶嵌琉璃,皆薄如纸,而坚不易碎,金类亦久不损坏"。〔3〕

平权国之所以如此发达,全在于人人接受良好教育,人人聪明能干,人人尽心尽力,"全由注意于平权、平劳、平业之勉致,乃有平力、平智之研进。平力、平智之研进,乃有平功、平利之渐达。一分子之所图,必求全局之利,一分子之所苦,必由全局筹免,人不相责而相为,具此心志,何有于不平?"〔4〕

(三) 科技发达

陈范笔下的平权国的现代科技是最令人印象深刻的部分,其发达程度今人都难以想象。

1. 交通和信息交流工具极为发达,有类似今天的手机和传真机一类的设备,人与人之间的交往、沟通也因此十分便捷。平权国的交通,分为三类,即水陆往来之交通、书信投报之交通与意念传达之交通。水陆往来之交通,虽然也用舟车、轮轨,但他们的舟车、轮轨精妙无比,"一轮舟也,可以离水面为飞行,可以潜水底为伏行,可以登平地为陆行,速率亦倍于旧制,虽未能悉知其蕴,大约是一层一层,套裹

---

〔1〕 陈范(陈蜕庵):《平权国偕游记》,第三篇,《中华实业丛报》,1914 年第 10—11 期。

〔2〕 陈范(陈蜕庵):《平权国偕游记》,第三篇,《中华实业丛报》,1914 年第 10—11 期。

〔3〕 陈范(陈蜕庵):《平权国偕游记》,第三篇,《中华实业丛报》,1914 年第 10—11 期。

〔4〕 陈范(陈蜕庵):《平权国偕游记》,第三篇,《中华实业丛报》,1914 年第 10—11 期。

而成，一层是一层作用，妙在层出不穷，非离水不复可下、伏水不复可升、登陆不复可升也"。平日所乘小车，也可飞行、水行，一种更小车辆，书中称之为"小乘器"，更是闻所未闻，妙不可言：

> 折叠可以手携，舒足亦仅容一人。轻机拨动，可以驰平原、泛江海、入云霄，此小乘器之速率，无可言喻。倘二三人同行，各携一具，可钩连并行，可先后随行。尤妙者，无论飞潜水陆，凡平权国之舟车，无所谓遭风遇险，及乘客不安等事。[1]

平权国的交通运输极为安全，"无论飞潜水陆，凡平权国之舟车，无所谓遭风遇险，及乘客不安等事，彼虽不秘其法，然据言各国人虽巧仿之，未能遽及也"。

平权国书信投报之交通，其于国外，还是用邮递及电字电话，并无线电压力机等物，国内则纯以謦机、詤机二种，几乎家有其物，非常便利。所谓謦机、詤机类似于今天的手机，可听、可视：

> 謦机略如电话，而其制更精，无论千里万里，山海之阻，二人可如对谈，并可数人互谈，且与詤机同用，则数人可聚影于一室，此间人问答时之颜色、动作，彼间人见之。彼间人问答时之颜色动作，此间人见之。譬如分居国之东西南北隅，若四机齐动，则四处皆与四人聚谈无异，所不能者形体上之携手促膝，及投赠琼瑶，酬酢杯棬耳。[2]

此外，还有一种类似传真机的信息传递工具，"绘画一纸，投机中，索千里外一女子题诗，略一延伫，诗成图转，彼间命豪含韵者墨迹尚未干也。此机有似压力机，然较更精"。

如果距离较远的二人要寄送礼品、酬酢杯棬，可以利用另外一种机器，"可以指达某处，交何人，只速力稍逊于謦、詤二机。然据云，温酒一尊，行千里而未冷，亦足惊人矣"。这种交通工具，书中没

---

〔1〕陈范(陈蜕庵)：《平权国偶游记》，第三篇，《中华实业丛报》，1914年第10—11期。

〔2〕陈范(陈蜕庵)：《平权国偶游记》，第三篇，《中华实业丛报》，1914年第10—11期。

有交代其具体名称。一百多年后的今天,人类还没有发明出行千里
之后而温酒未冷的交通工具。如果强为命名的话,可名之曰"极速
快递"。

意念交通与水陆往来之交通、书信投报之交通都大为不同,"前
此二者之交通者,有形、声、影之别,意念交通则三者融合为一。此机
一动,对坐之人,不啻互为彼我,我即千里以外,可令彼以我身为身,
我以彼身为身也"。前二种交通属于物理之学,意念交通则属于身学
性学:

> 世界学说,知天知地较详,知物已不足,知人更不足,盖学说
> 由人自知最难也。譬如日星风电,吾人见其光,闻其声,以非由
> 身发耳,而由身而发,较天地间日星风电之用更密切者,乃以愈
> 习愈不察矣。人身含有,岂曰耳目官肢足以尽之乎? 一出息之
> 微,一涉想之起,皆有物焉,附丽以出,可以致远,可以入深,非无
> 形不易凝也,非无声不易续也。此机无他,凝所不易凝,续所不
> 易续耳,互入而凝续焉,则彼我如一矣。譬之水,惟泾渭不相入,
> 人性非殊,岂有尔我各为如泾渭哉? ……更请听一最切当之比
> 喻:东西对悬两镜,何以能互见两方之物? 此有所施,彼有所受
> 也,但须镜各莹明,物各整体,则无惝恍杂乱之象耳。[1]

2. 有强大的利用、开发自然的能力。如利用水的能力极高。平
权国之水,不仅起灌溉作用,而且对于水的研究,对于水的功能的发
挥,已达到登峰造极地步。水学在平权国已成一专门学问:

> 平权国最长水学。彼之水学,非输瀹排注已也。彼视水于
> 各矿质同,若者甘、若者芳、若者咸、若者苦、若者淡,若者厚薄各
> 分,若者轻重悬异,若者宜灌、若者宜饮涤、若者宜疗病,非但川
> 上能知,即伏土中者,亦外审而辨。昔人所称能辨淄渑,不足复
> 数,故其田亩受益,不啻极美之壅料,而解渴愈疾,各有多泉,每
> 家数水管,培灌植物,烹茗酿酒,制药盥沐,皆分管把取,而田亩

---

[1] 陈范(陈蜕庵):《平权国偕游记》,第三篇,《中华实业丛报》,1914 年第 10—
11 期。

所需,就其易置,宜黍宜谷,利用倍于泛引者,什且不止。故吾人谓水土之宜,似言土宜而水随之,且但以无有余不足为宜,彼直言水宜而土随之,且分别所宜至析。[1]

又如平权国在消减寒暑方面,也十分先进。其法不似他国仅以一汽一机调适温凉于堂室而已,而是着眼于宏大的、公共地方。其机器"十步一台,家具而户设"。其方法是充分利用地下热量与太阳之光,相当科学,"下吸地气,上布空际,为一机管;煽动地气之力,与日力为迎拒,又一机管。两管有时并用,有时互用,灵捷轻巧,见者不知其有转旋气候之功用也"。有此机器,其国一年到头煦爽得宜,"其国人久已不知挥篝围炉为何事"。[2] 正是因为能够在极为广阔的范围内调节温度,所以,平权国气候高度适应作物生长,一年能收获四五熟,也没有任何自然灾害,居民都很健康:

> 敝国终年气候,皆令适宜于从容长养,故岁收四五度,且颖栗坚好,非昔所见。无严霜疾病之避,亦无伏日暑雨之畏,自然致此,不足异也。地气既融,灾暴自泯,致力于气有物之迎合,至此乃大奏厥效。至人无偏受,亦无藉乎偏救,万一偶有小疾,水治、药治之外,或需气治,则亦甚易。无论值寒暑旧令与否,苟暂欲用此寒度热度,尽在气管收放之用,欲如何则如何,与用水火无以异也。[3]

3. 人的长生不老。这是陈范在《平权国》中对于科学技术发展最为大胆的想象。

平权国发明有两种机器设备,依靠这两种设备,人就能实现长生不老。这两种机器设备是内视、外视两种机镜,其功能是"能察见人身内部所含生力,及耗此生力之他力,又能察见外受之助生力,及此

---

[1] 陈范(陈蜕庵):《平权国偕游记》,第三篇,《中华实业丛报》,1914年第10—11期。

[2] 陈范(陈蜕庵):《平权国偕游记》,第三篇,《中华实业丛报》,1914年第10—11期。

[3] 陈范(陈蜕庵):《平权国偕游记》,第三篇,《中华实业丛报》,1914年第10—11期。

助生力之转换,无微不显,无变不穷,乃为平准之蓄泄,使所含无尽时,更求依时之迎送,使所受无异致,内而耗生之他力,一一渣末无存,出于自然之消极,外而循环之营卫,常常合我所需,出于自然之凑泊"。[1]换句话说,依靠这种机器,科学家能够查清人身体新陈代谢的原理、动力来源,明白如何维持这种新陈代谢的持续进行,从而使人得以长生不老。

　　凭借这种机器,平权国果然实现了长生不老。遍看国内,所生者大约常如二十来岁,殊不知他们一般说来,都已经一百多岁了。据说,长生不老术发明以后,人们都可以将自己的身体保持在二十来岁时的状态,不使其变得更老。当然,长生不老术发明之时,已进入老年期的,无法使其重回年轻时状态,但是可以适当改善,"前此所存者,参用修养,除损坏一部无可规复外,大概五十年以内者,外形皆可如三十余,六七十以上者可如四十余"。[2]所以,平权国内,也能看到少量的老年人。当然,靠着长生不老术,这些老年人不会更加衰老。

　　对于长生不老的原理,书中也作了深入阐释,认为动物之生,具生机而赋生气,如果不懂这一特性,要么因窒息而死或耗尽而死亡,要么因不懂得添加、维持助生力使其死亡。助生力日有转变,至数十百年而大异,往往在前一阶段足以相资,而后一阶段难以为继。人类如果有办法不断更新其助生力,让其一直处于生机勃勃状态,人类便可永生。作者举例,春花落于徂暑,秋叶凋于岁寒,但是,如果桃李具芰荷之性,梧桐续松柏之根,那么,这些植物便四时常好,永不凋谢枯萎。[3]

　　长生不老是人类自古以来的美妙幻想。人一旦长生不老,永不死亡,就不会有生育动力,那么,平权国是如何解决生育问题的呢?书中介绍,自长生不老术发明以后,平权国"生育之率即渐减,近来更甚"。与此相一致,结婚也与之分离开来。平权国人明白,"男女配偶,本非尽

〔1〕　陈范(陈蜕庵):《平权国偕游记》,第四篇,《中华实业丛报》,1914年第13期。
〔2〕　陈范(陈蜕庵):《平权国偕游记》,第四篇,《中华实业丛报》,1914年第13期。
〔3〕　陈范(陈蜕庵):《平权国偕游记》,第四篇,《中华实业丛报》,1914年第13期。

为生育",过去人们将婚配与生育紧密地联系在一起,"因吾人不知存进之法,只得趋重生育,故遂视生育为配偶唯一要义"。[1]

书中对于平权国的政治架构、管理体制没有作具体论述,只是一般性地介绍了其公有制(土地公有、房屋公有),物尽其用,人尽其才,其居民平权、平劳、平业、平力、平智、平功、平利。但是,书中强调两点:第一,平权国虽然国力强盛,但是该国"以平权为立国主义,国外、国内皆以悉底于平为其目的",[2]决不侵略别的国家,用平权国接待员的话说,便是"敝国非但无凌驾他国之心,并不敢以世界先导自居"。[3]第二,平权国虽然科学技术发达,但是该国决不垄断技术,有了新的发明,完全公开,"物物平其值,人人平其能,无所谓易致不易致也,物为平权国之物,人为平权国之人,但适于可,不使浮于用耳"。[4]

作者没有明言写作此书的政治含义,但是书中将时间定格在民国元年,书中主人公思、问二人,对于"人间之事,无一不息息相通,而地系亚东,于炎黄胄裔之国,更自关心。自去年十月十日武昌起义,以迄各州响应,南京建设政府,规定约法,满清退位,南北一统各节,真如烛照数计,纤悉无遗"。[5]这显然与作者对于民国初年政治、科学等方面情况的不满有关。

另外需要说明的是,在陈范众多的作品中,《平权国》这部小说显得相当另类。除了故事情节颇为离奇之外,陈范对平权国的想象,特别是关于科学技术方面的想象,以陈范的文化和知识背景而论,似乎想不出这样的科幻作品。但是笔者未能发现证据证明陈范创作这部小说是基于某种科学技术方面的素材或资料。此问题只好留给后续的相关研究。

---

〔1〕陈范(陈蜕庵):《平权国借游记》,第四篇,《中华实业丛报》,1914年第13期。
〔2〕陈范(陈蜕庵):《平权国借游记》,第三篇,《中华实业丛报》,1914年第10—11期。
〔3〕陈范(陈蜕庵):《平权国借游记》,第二篇,《中华实业丛报》,1914年第8—9期。
〔4〕陈范(陈蜕庵):《平权国借游记》,第三篇,《中华实业丛报》,1914年第10—11期。
〔5〕陈范(陈蜕庵):《平权国借游记》,第一篇,《中华实业丛报》,1913年第6期。

结　　语

　　作为晚清至民国初年间的人物，陈范的人生轨迹与其时中国的政治、经济、社会和文化的变迁紧密相关。由一名落职官员变为私营报馆的馆主，由闭塞的江西铅山县来到口岸都市上海，陈范与当时中国最具新思想的新知识群体发生联系。苏报案后陈范逃亡海外，晚年又加入了南社。虽然不像其他苏报案中诸人，如章太炎、邹容、章士钊、蔡元培等人那样赫赫有名，并且在中国近代史上产生重要影响，但是透过其人生轨迹和心路历程，仍可以一定程度上揭示出在晚清至民国初年这个大变动时代背景下一个曾经处于时代风口浪尖的人物的思想结构和精神世界。

　　与其父辈一样，陈范青少年时代接受传统教育，并参加科考，取得举人头衔。之后进入仕途。这是一条那个时代许多读书人梦寐以求的成功之路。早年的陈范应该并未接触过多少新思想。当戊戌维新思潮兴起之时，陈范还在江西铅山县当知县。但是1898年在来沪接办《苏报》之后，特别是1901年加入以蔡元培为首的新知识群之后，陈范的思想日益趋新。晚年所作小说《平权国偕游记》更表明陈范对新思想的接受不仅很彻底，甚至还可以说是超前。那么陈范思想的变化是如何发生的？是自觉接受还是顺应潮流的结果？从陈范所留存的各种资料未发现可以清晰反映这一变化的线索。而据笔者推测和分析，陈范思想的变化应是同其身份转变同时发生的。

被朝廷免官，这应该是陈范思想变化的铺垫。出身官宦世家，多次参加科举考试后考取了举人，并且通过捐官进入仕途，陈范的人生似乎注定要步父辈的后尘。在铅山知县任上，陈范踌躇满志，也颇有政绩。但却因上司弹劾，莫名丢官，这自然对陈范是一个巨大的打击，年仅 37 岁的陈范曾一度感慨自己余生已废。〔1〕在家乡闲居两年后，陈范来沪另谋出路。此时的陈范即使不像章太炎所言仇恨朝廷，寻求报复机会，但情感上已同朝廷疏离，应该是很自然的。这种心态之下，以留学生等为主的新知识群当中渐渐流行的新思想极易被陈范所关注或接受。加之身为报馆馆主，陈范也可能对其时各种中外报刊上传播的新思想更为敏感或关注。陈范接办后《苏报》后的一系列表现可以说明陈范的变化。如《苏报》对时局的关注，并且明显支持康梁等保皇党；支持女儿陈撷芬办《女报》(后改《女学报》)。加之当时的上海独特的环境，是西学和新思想传播的中心。多方面的因素共同促成了陈范对新思想的接受。因此，可以说，陈范在不算长的时间里，思想结构已经发生根本性的转变。

但是在另一方面，陈范的精神世界却未发生多大的变化，这在陈范的诗词作品中有比较明显的体现。特别是陈范的晚年，写诗是其重要的精神寄托，而且所作诗词，相当一部分充满旧式文人吟风弄月的伤感。流寓湖南醴陵时，陈范还多次祭扫红拂墓，甚至采用民间习俗，将自己的魂与红拂合葬。〔2〕

由陈范的思想结构的演变和精神世界可以看出，受身份的转变和具体环境的影响，陈范不自觉地受到新思想特别是激进的革命思想的影响，成为苏报案的主角，而并非像章太炎、邹容、章士钊等其他苏报案当事人那样，是因主动接受新思想或者追求新思想而成为革命思潮兴起的推动者。因此苏报案后，他并未义无反顾加入革命党

〔1〕陈范在编纂自己早年诗作并作序时曾提到“在官五年，得诗三十三首，为《寄舫偶吟》一卷。丙丁两年，以废弃余生，流离转徙。情既跼蹐，语多灰颓，境遇使然，未可自强。”王敏编校《陈范集》，第 3 页。

〔2〕参见陈范：《上红拂墓四首》，王敏编校《陈范集》，第 64 页。

的活动,这或可解释为何晚年的陈范在面对因苏报案而导致的个人和家庭的不幸时,努力靠读佛经来疏解内心的痛苦。可以说,与谭嗣同、章太炎这样义无反顾的志士不同,陈范的精神世界未能超越个人和家庭不幸遭遇所带来的伤痛。这或许是近代中国转折时代另一种类型的过渡人物。陈范的人生轨迹和心路历程为我们认识和理解近代中国的社会、政治转型提供了另一种样本。

附录一　陈范诗文辑佚

一、诗

1. 和湖南粤汉铁路开工原韵
蜕 盦

陈君蜕盦曾主持《苏报》,昌民族主义,系于狱者数年。迨文字功成,而风流顿绝,遂于今年五月十六日客死于沪,海内以文哭之者,不可胜计,其见重于世可知。余昨返里,旧箧中得公和戊申冬月九日湖南粤汉铁路开工作二首,读之犹见君之风采。亟录之以存其遗。炼人著。

漫听笛声催,文明一线开。

气由新陆转,魂自太和回。

白鹤翱翔起(昭山上有白鹤仙峰),苍龙蜿蜒来。

罴熊师法在,筚路试奇材。

瘴云澹五岭,爽气浮三湘。

渐接星沙影,将通珠海光。

龙吟起大陆,雁字列长行。

双桨陂塘路,终成九达庄。〔1〕

---

〔1〕《交通丛报》,1913 年第 4 期。

2. 沪宁军中示太昭
蜕　盫

秦皇并六合，天下崇巍巍。
穆王驭八骏，游骋何豪哉。
一朝零落尽，蒿里同堙埋。
古今繁华子，憔悴可怜哀。
闻有安期生，千岁居蓬莱。
意欲从之游，惜哉非仙才。

大汉口阳九，胡骑横中州。
辕裔不能驭，反颜事仇雠。
吾党独愤慨，首义诛此酋。
黄石期圯上，精卫来沧洲。
我时遇鬼谷，仙人授阴谋。
亡命匿江海，结客盈井幽。
四方有豪侠，多与我交游。
凡我同盟人，帝秦有奇着。
一朝赫斯怒，遂缚单于头。
独眷旧俦侣，白骨盈山丘。
言念同袍死，涕泪不能收。

南国有佳人，顾盼若秋水。
借问佳人谁，道是良家子。
朝为吴下姬，夕宿楚宫里。
皎皎户前月，灼灼园中李。
朱颜易凋尽，安能常娇美。
谁窃姮娥药，使妾常不死。

晨与风严驾，吾将出游行。

141

游行怅何之,八方横长荆。

齐有鲁仲连,手复七二城。

五百士同死,天下钦田横。

荆轲豪杰士,奇计独不成。

范蠡不言禄,庄周惟养生。

梦与数子游,心神肃以清。

遍访昔贤墓,痛哭难为情。〔1〕

3. 病中赠稚晖〔2〕
蜕 盦

大道沦亡久,吾生百感伤。

独于吴季子,犹见鲁灵光。

京国近司马,群英肃老庞。

每逢长者过,惊起祝心香(予每遇稚晖,心气为之一平)。

落木萧萧夜,深山访病禅。

开门成一笑,握手话三边。

二老江南至,五君天下贤(先生与张普泉、〔3〕汪精卫、蔡子民、李石曾友善,天下号五君)。

愿随云外履,踏破万山烟。〔4〕

4. 病中哭寄禅〔5〕
蜕 盦

吟侣长怀白,灵鼍忽忆苍(苍雪和尚能诗,明遗老,见《梅村集》)。

只今人坐月,怕见树经霜。

禅死诗无恙,师存社有光。

---

〔1〕《民权素》,1914年第3期。

〔2〕"稚晖"即吴稚晖。

〔3〕"张普泉"应为张继,字溥泉。

〔4〕《民权素》,1915年第4期。

〔5〕"寄禅"为陈范友人。

如何郅支反,犹不卧陈汤。〔1〕

5. 病中酬永光〔2〕(并痛寄禅)
蜕　盦

南国有枯柄,修然道者容。

北来救诸苦,老气犹苍龙。

驾言访我病,嚣市寻幽踪。

我避车马喧,一榻慢以慵。

却喜隐者至,江海多奇逢。

所怀忽以殁,人寿非乔松。

愿言崇大法,贻我金芙蓉。〔3〕

6. 海上重晤兰史〔4〕赋赠
陈梦坡

与君沧海别,行踪两不知。

夙昔重恩意,岂遂甘别理。

炎风驶津淀,握手顷佺期(遇沈太侔始知老兰在春申)。

道君近岁事,得意在奔驰。

北逾秦城关,吴门先题诗。

豪游轻万里,岂患无所之。

春江花月地,人才居所宜。

值我还南辕,一旬四相携。

倘皆此乡老,来日长不辞。〔5〕

---

〔1〕《民权素》,1915 年第 4 期。

〔2〕"永光"为陈范友人。

〔3〕《民权素》,1915 年第 4 期。

〔4〕"兰史"应为"潘兰史",陈范友人。

〔5〕《新闻报》,1912 年 9 月 21 日。

二、文

1. 捕 虎 说

梦 坡

山野之邑多虎患。初犹于昏黄月黑,潜踪于长林丰草,稍稍害行人,继则白昼如城市,啸聚其类,当道而蹲,遇物则搏,遇人则食,其为暴烈矣!宰是邑者患之,于是下捕虎之令。有客进曰:"我能捕虎,愿得精壮数人,披以虎皮,使之习虎吼,学虎步,娴虎之跳跃,精虎之扑攫,如是者数月,虎之能事尽矣,然后可入虎穴得虎子也。"或有难之者曰:"子之计左矣。虎之斑斓其文者,虎之质也;一啸风生者,虎之威也;跳高跃深者,虎之技也;扑物攫人者,虎之性也。若人捕之者,自有法,当先运其谋,布网罟以围之,掘坑阱以陷之,继戮其力,操强弩毒矢以攻之,持长矛大戟以毙之,此人之能也,岂可舍人之所长而学兽之长哉!即使尽得其长,仅得工力悉敌。况虎之利爪锯牙,亦人之所能学耶?"客不悦,曰:"子之所论者,陈法耳,仆之所言者,乃当时制虎之急务也。我披虎衣以入其类,虎必以我为同侪而不忌,可以与之耳鬓厮磨,然后乘间以刺之,岂非用力少而成功大乎?"于是令然其说,而使之数月习成,请于令入山捕虎。其日,令率将士以为援,都人士随而观者无数。至山中,见虎正负嵎此数人以前。虎遥望之,初亦见其形似,意为同类。及渐进,虎谛视之,曰:"异哉,此虎皮人质也,比何为斯而来是?必有异。"行愈近,跳跃伏地,作虎吼。虎曰:"此一吼,即余之先声夺人也,是必有以图我矣,且静以观之。"又见其伏其虎足,低其虎头,缩其虎项,竖其虎目,森森然作扑攫之势。虎曰:"噫!此即余之搏人,欲擒先纵之势也,是不可缓矣!"乃大声呼啸。山风震地,林木为摧。此数人皆魄散魂消,早落于深崖之下。令亦抱头鼠窜而回。前之难者进曰:"夫捕虎犹用兵也,一国有一国之制,号令、阵法、旗帜、器械各有所长。昔战国时,秦最强。六国与之战,屡败,不闻变异其号令、阵法、旗帜、器械,一一似秦以求胜。有之,自赵武灵王始。变胡服便于习骑射,以与匈奴地相接,俗相同,故易服饰,改器械,未见其号令、阵法亦从而易之也。昔晁家令言兵事,以为匈奴地形、技艺与中国异。故曰秋高马肥,驰逐于沙漠之间,匈奴之长。狭巷短兵白刃相接,中国之长。凡用兵者,当避其所长,攻其所短。其长也,思所以御之。其短也,思所以制之,斯可以获胜。若事事步趋,吾恐虎未死而为虎笑矣。"[1]

2. 香草集之寄托(小说)

蜕 盦

侯官世阀某夫人夙有盛名,忘尘者一见销魂,得片纸者裙下甘拜。惊才绝艳,岂非间气所钟? 某世阀有操券科第之秘诀,翁若夫尤其翘。及身自致外,沾溉甚广。执贽门下者,苟得真传,无不破壁飞黄。然视夫人之学,则瞠乎其莫测。夫负所长傲之曰:"尔之学,无用之学也。"夫人笑曰:"试取尔有用学示我。"夫乃出自己捷卷及父刊稿相视。丹黄重叠,悉时下高官。夫人曰:"即此更无他耶!"夫骄色顿沮。又内自忖曰:"毋堕彼虚憍摄人计。吾见名士多,鲜不坎坷于此。况女子何足语最上乘?"遂佯笑曰:"尔之学,皆吾所谓他也。己擅绝艺,表圣贤,足致泽,何暇骛其余?"夫人笑抽花桶中湘管,下勒帛于夫卷几遍。夫怒曰:"尔能道其故则已,否则须偿吾卷也。"夫人乃举题义先为至诠释,而指勒帛处曰:"此反立言之旨意,此背致治之道,此用经语而词意适僻,此含史事而比拟不伦。皆粗略者一见可指之疵,丛集于君笔下而君不知,更何论阐精抉微耶?"夫曰:"尔何不试为之?"夫人即其题,随口诵,顷刻成篇。夫内惊服,而故曰:"吾于尔所诵一字不解。"夫人不复兴辩,然自此其夫知闺中有异才,特清浊殊赋,终不能浃洽耳!

夫人甫三旬而卒。镜隅枕底,丛残片片,皆遗稿也。此中知多少珠玑锦绣,以无人检点,散佚殆尽。身后十年,翁夫皆没,乃有一小册发现于世。诗词凡百余首,在未嫁先者十之九。词意皆幽然欲绝。又十年后,乃有知者,此小册皆由同县某名士为之搜辑。

某名士于夫人为外姻。相识之初,各蕴怜才意。然闽俗本隔障

_____

[1] 梦坡:《捕虎说》,《游戏报》,1898 年 8 月 30 日。

男女甚,阀阅尤岸然以此自侈。固虽成名未嫁,事事相当,而父母命他另嫁属。媒妁言别至,无感以己意流露于前,示异于后者。即流露示异,亦百无一效,徒取呵诋。且或用此生意外之猜疑,男子竟日轻薄,女子更遭侮贱。二人皆明慧,能自持,安肯蹈此? 然夫人诗曰:"柳枝不为东风舞,还有诗人说是狂。"可以见其情矣。(未完)[1]

3. 平权国偕游记[2]

第一篇 第一纪念馆

嵩山深处,石室广丈余,深倍于广。上有数罅,日光月色,无所亏蔽。而更有一峰,侧架晶石,遥障雨雪,不使入罅。且石室四面嵌空,下临磴道,松杉遥翠,兰蕙迢芳,天然一座楼台,神工鬼斧,不知何年辟此洞天福地也。似此处所,除却神仙,谁能消受! 千万年来,转让于野鹿洞猿。此巢彼穴,真堪叹息。不意竟有两人,蹑景凌风,到了此中。常常于卿霄晨霭、金波夜丽之时,或倚石栏,或眠石榻,或隐石几,或坐石台,清谈霏雪,雅度轩霞,饿餐秘果,吹落自有灵风。渴饮醴泉,漱咽何消乘露。飘飘然遗世而独立,更何必俯览下方,引为同类。然此二人虽不见他用远镜窥视,用德律风吸听,用无线电询问,却人间之事,无一不息息相通。而地系亚东,于炎黄胄裔之国,更自关心。自去年十月十日武昌起义以迄,各州响应,南京建设政府,规定约法,满清退位,南北一统各节,真如烛照数计,纤悉无遗。近因周年纪念,各处开会庆祝,他二人更有了谈资。平日于此事常展松枝,各树一义。或为预决,或为公评,却不似茶楼酒肆,哗传呶辨,惹人诽笑。偶然有时见解各执,彼此不相餍切,只是暂置不论,再从别事推究,支节凑合,往往窾要亦符,如此已非一次。这日因庆祝盛典,兴高采烈,又发了许多奇警之言,终久因最后论判略有差池,都不向下再说。两人约定休息一宵,晓来重作丰干饶舌。然虽如此说,两人毕竟都睡不着。过了一会,不约而同的说道:"趁此良宵风月,你我何不下

---

[1] 刊登于《万国女子参政会旬报》,1913 年第 1 期。
[2] 连载于《中华实业丛报》,1913 年第 6 期;1914 年第 8—11、13 期。

山一游?"于是携手而出。说来奇怪,不舆不骑,非梦非醉,骨肉之躯,能行几远。不知过了几时,依旧双双坐在石室面前,铺着尺余长的贝叶,更番写记,日尽一页。如此旬余,堆积盈寸。两人又审视一遍,有个相视而笑莫逆于心的性态。自此以后,不甚多谈。后来不知何人得了他这贝叶,传布世间。然阅者多以羌无故实,难考方舆。又不知有无阙失,既不便列之天禄石渠,自只可认为寓言谐铎。愿世人且莫问其事之有无,只定其言之是否,便把来列入理想小说,他两人谅亦不以为意。

按:那叶上写着我两人游至一处,路旁高矗丰碑,竟似一枝参天玉笋,镌着"平权国第一纪念碑"八个大字。左右前后,围以平栏。旁边芳草森林,小亭曲松,像个常有游人的景象。然此时却寂无一裙双屐,但闻好鸟嘤鸣,时见落花飞洒而已。四围眺望,参差错落,都有楼阁山池,树木不疏不密。意欲觅人问路,先得旅居。却也奇怪,地非荒僻,久无过者。于是且向最近一楼行去。及到门前,竟悬着"宾馆"二字。如此凑巧,真是难得。门内已有人见,出来了一位老者,向我两人微微鞠躬,说道:二位可是觅地休息? 我等答礼,便说正是。那老者领登一楼。洁净轩厂,用具皆备。一看似甚朴素,细观无不精致。且设扉围槛,悉异俗构。取水招灯,皆有按机。眺倚恰宜,主客俱逸。膳时延入一室。长案列坐,共十余人。每客面前置一小食牌。男女二童,招呼点菜。既不用笔记,亦不见复问,各客所需酒馔数十种。问毕遂出。不久一一陆续传送。出入往来者,只此二人,无一差误。我两人颇觉难得,而孰知此后所遇,无论何人,莫非如此。即年更小于此两童者,苟出应事,无不敏捷周到异常。窃叹此邦人之性质,得天独厚矣。膳毕,继以小卷烟叶进,又各与清水一小杯。客皆先饮杯水,后吸卷烟。我两人亦如之。味皆醇厚,非常品。于是,客有起问姓氏及来去何处者,我两人一一告知,并陈欲周列此邦之意。诸客皆喜曰:"远宾也,吾辈当尽地主相导及备问之谊。"乃推一二十许少年,共呼以授子者为地主代表,而呼我两人为思公、问公。诸客皆似别有所事而去,授子则始终相偕,直至我两人游毕出境别。故我等得以不负此游。

思谓授曰：国有取合众之义者，有取共和之义者，贵国平权，想亦此意？授曰：然。问谓授曰：西合东和两大陆，今已对峙。贵国义取平权，有对内对外之别否？授曰：共和、合众，皆须确到平权地步，这和合才能久远坚牢。且此二字，非但不分内外，即人物亦不分灵蠢。虽别动植，虽区无一，不当以此为对待之质。问又曰：这似乎难见事实。授曰：平权者就其质权而平之也。同一人类而质同点异之处，尚待支配，何况于物。宜问公有，难见事实之疑也。然固同者必致之同，本异者宜任其异，勿失其性，勿阏其生，勿枉其用，勿强其能而已。譬如行轮轨不通之处，乘骏马而驰。马展其足，我量其程。彼弗能行，我不能勿止，即平权也。从前，我国人不能解此理。驰驱偶懈，便为靳力。鞭棰之下，必使喘汗渍沫，甚至蹶块覆辕而后止。双方交困，愚莫甚焉。况马既习于鞭棰，以懦而堕。偶或不及，遂为闲闲之行，宁待扑而始奋。即此一端，非有经营不能两改。今则时其劳逸，养其气脉，和其中外，无匆神骏矣！思曰：我度贵国人物禀受特厚，故能然耳。授曰：此君实过誉，各尽固有之能而已。然固有之能，虽人物无甚悬殊，而其存在，往往有多少数之异。敝国初阐此种学理时，困难极多。盖质不平而平以权，彼不能承受者，仁人用心殊不忍，曰彼自失之，无足悯也。故保障之用，直至近今始渐弛免。然当用此保障之时，必有一部分，似于不平等之形迹，此在互相制限。如用水火，当有约束，勿使为患。只效一长，即如此处有第一纪念之碑，即以初收此效之故，明日奉陪二君到纪念馆一游。有许多物品，图书记载，足以追证昔年事实者。到过此处，再奉陪节节游去。我两人谢其盛意。时已天晚，遂归寓室。

次早起床，盥沐甫竟，延入膳室。食毕，授子偕出门外。电车已候，眴息至一极宏厂之所。招待处已知有客到，预派专员迎候入座。稍息，便导游观。

先至物品所。共分十余室。周列以后，延入一精致小室。茗烟均备，揣系备客谈话之处。我两人始不解初收保障功效，纪念之馆何以有诸多物品，此时已知梗概。然尚有不甚了然者，乃一一启问：（思）：顷历十余室，其物品殆非一时代所用。招待道：二位经历的先后,便是当日行用次序。(问):前数室有钧衡律度规矩符券,及锁练夏楚刀剑枪炮炸弹,均易明白。及后便有不能一见即知者,如第七、第八两室,尚能测知为针灸药石之用。第九、十两室各物,尚能测知为行使光电、摄取声影之器。至第十一、十二两室中所列,且不知作何用法矣?招待道:此中之物,多系增人灵觉,去人疑惑,汰愚存智,立懦廉顽,为用至奇。所以列入此馆者,以未经戕凿于生初、克全天性者,所需自异,故不作为教育物品也。(问):最后一室陈列者,皆机镜,各种用法,尚易测知。独内视、外视二镜,不知何用?招待道:一以自视,一以视人,前效未纯纤悉俱见。(思):此十余室中物品,既次序秩然,想后兴则前废,不并存也。招待道:前数室中之物,效力至薄。其后有几个大思想家,辟有造无,就各类科学推到精处,发明至理,著为书论,而与宗教家初尚不能显别。直至制器既备,效用推广,人人习知,始免神通迷信之疑。于是后盛前仆,渐兴渐废。然迎刃之解,贵在有余。盖取多用宏者,有贪得吝施心未除。守缺抱残者,有妄取觖望心未除。则前六室之物,尚难尽废以施保障者。虽具进步之能力,有凭藉之文物,而彼互相施报不乐,善化遂欲,自此一部分首先蠲除。提倡全体,亦当有术,非可漫行。(思):今贵国除却纪念馆之陈列外,前物想都无存矣?招待道:精者熟则粗者忘,自然之消灭。如日出后之灯,风起处之尘,非第二问题也。我两人斫询既得大概,恐时费主劳,遂起请更观图画所。招待及授子更导升一楼,亦分数室:

第一室多悬审判图,竟有用野蛮之强迫供词者,又有执行枪毙、缳首之刑及囹圄锁系苦工等图,无甚可看,亦无甚可问。更历一室,为军警图,有极纷扰而警队擎枪露刃如御外敌者,有小争竞而警队作解分排难之状者,并有捕亡搜匿及罪人格拒之状。第三室似为侦吏之作用,有蔽树隐窥者,有俯檐下瞰者,有搜检书札者,有查看家室者,有手枪相向示恫愒者,有胁肩柔色为诱劝者,精练之形,参以猾猾狠厉之色,伏于安详。而另有数十图,为当时著名侦探承办疑难大案之画史。自始至终,曲折具见。一图或分数栏,或分十余栏。我两人略问一一,无意细观。第四室则为数百面具之图,其求效似已渐及于

149

心理,而法律武力侦探,将处囊而不用者。然图既甚奇,问殊未易,我两人意揣如此耳。第五室更奇,自前后脑及内部脏腑,各有一图,每图同式,两画略有殊异。复意揣之,当是清浊既分,形式变动,由后溯前,一体两状耳。第六室小而精雅,只悬一图,绘画装潢,更精于前。五室中者敷倍而所画之物,似脑非脑,似脏腑非脏腑,竟茫然无从揣度。正欲启口相询,招待拂两边楼位,谓客曰:图画室中,惟此一图客多疑义,故即悬谈问室中,以便指陈。请二位坐下,稍息再说。我两人喜甚,于是主客四人向图排列,有人送过净水四盏,正觉稍渴,我两人各取饮毕,招待及授子亦都饮毕。招待先道:此物名以真宰,在人体内无一定系络,或分或合,或液或凝,最难得是归并一处之时。当吾人生初,本是凝英结采,意欲一驰,即成百散,人所以失其智慧仁爱勇毅,皆由此质散亡之故。敝国初创,复人固有能力之说,便研究能力存在多少数之分别。全视此质,必探索真确,起坠钩伏,才能酌用。费了许多时日,用了许多思索,经了许多证验,渐著明效。散者合,亡者存,已损已薄。但未尽失,可藉补救与完者,无大区别也。(问)真宰散亡,既起于意欲纷驰。今为存聚,仍须军收摄意欲。招待道:此质本体虽聚,然实能聚能散。且其率极速,意之所向即到,真力弥满。当其圆粹充足之时,即一意两用,此质亦能分应而力不减。无奈人昧昧不察,欲盛志杂,一霎万铄。譬如精锐之师,羽檄驰调,原可四应而不穷。然所驻不战,又复别去,数年及十余年后,安有不罢奔命,非疲即溃哉!(思)大约非徒收摄于意念品物所,第十一、十二两室之器,必有为复此质能力之助者。招待曰:诚然,且亦有图说悬此室后。我二人复请入观。授子道:第二纪念馆悬女粹室者,更精致不同。盖此类器物,皆创自女子。明日往观。今两君盍至记载所,先毕此馆之游乎?我二人诺而起。记载所室略小于前两处,而分室较多。每室四隅,各两大玻璃书架,架侧悬牌,列本书架册目。中一架桌,每面设椅十二,为观者坐位。招待道:此二十余书室,计书二百架,每架约五百卷,合得十万卷,皆第一纪念以前各时期中学者辟旧研新,发明进化理实之作。分创说、续解、辨疑、择精、按实、述验、待起、原始八类。拟请二位至总系室一观便知。历来守进两派之竞

论,收一效更起一梗。仅此第一纪念之结束,回视来源,已不知波澜
几折矣!我两人恨不能悉取各书挹览精要。只得从招待言,涉猎各
室,而小憩于总系室。然所谓总系室,亦只得起约略。惟首创此说某
君之传,此时颇能记忆一二。盖某君性挚厚,其始愤人心之坏,由于
治之者酿成,日令趋于乱,而犹居治之名。乃激而为人性无不善之
说,入世生恶因,当用感移之说。于是,反对者多以矛攻之。某君更
不设盾,遂至身家荡然,所如辄被侮诈,颠沛流离,几死者屡。幸遇同
志数人,互相赞助,渐达目的。有一女友,聪敏绝伦。就其所说,创为
新法,能以心电与人贯注,使之增善弭恶,趋智绌愚。而反对者嗤为
邪妄,又几同归失败。最后乃有人就科学证明此理,并有制器者出,
而政治始犹厉禁之。然警侦之力,遇此辄驯,遂令举国人心涤其前
污,渐致明强。第一纪念碑树立之时,某君犹与其女友,携手往观之
(招待论此君,云其人似过激,然当时世道人心日趋诈伪,政治不平,
无告者多,故有以使然。实则伊所行为,极合于道德,即言论亦极纯
粹。遗著甚多,须与此传参观也)。

　　我两人第一纪念馆之游览已毕,殷勤谢招待而出。复与授子同
乘归舆。授子道:已届食时,请二位径入膳室。我二人诺之。此回
同膳之客,男女居半。我等因代表招待均是男子,颇以未识平权国男
女交际及所有女子职业学问品格是否与平权相合为念。见有女客,
甚为欣喜。一一前与握手,互问姓名,遍致悃款。数语之后,觉其既
无故自矜重之习,更各稍存隔阂之情。磊落周至,与招待、代表无异,
而更为温婉。膳毕,客散,又公推一二十许之美女子名箴子者,与授
子同为地主代表。我两人更喜,饮水吸烟之后,便与两代表畅谈。

　　(思):世间男女,由同强异。五洲国俗[1],虽各有不同,总于平
权两字,未能实践。贵国立国取义于平权,谅男女间必无丝毫不平,
方足巩国家之基,正万事之本。箴子道:不平之俗,有由沿袭未改
者,有由求平之改良而致平于外观不平于内容者。两君所言,五洲国
俗,未能实践平权,皆不出此两种。敝国先时甚不平,即求平之时,亦

────────────
[1]　"五洲"原文作"正洲",参照下文,知为"五洲"误植。

几回堕于名实不副之地位。直待第二期纪念馆成立，始达于完全于无缺。今则彼此相忘，非但无异视，并无不异视之见存矣。转观昔日，斤斤所争非不平，而指为不平者乃甚多。盖当彼此有不平之见，必不免于此类，非仅男女见然也。男女性质本同处多而异处亦不少，不系乎同不同，譬如生育，专属女子，异也，非不平也。社会职业治世则宜于女子者多，乱世则宜于男子者多，异也，非不平也。不明者往往误不同为不平，欲思强而同之，转昧平不平之真谛，而不能持平。若男女各臻于明心见性，复所固有之程度，率而行之，无一丝能溢，亦无一丝可损，何有于不平乎？譬如敝国已千年，有治无乱，男子宜于职业之性，亦遂于女子同趋，在其习惯，初岂无所强，然不可谓不平也。至如沿袭未改之国，乃为时会所扼。时会未改，不平为平，争之者当争，时会乃为扼要。（思）通畅之论，令人大快。然鄙见以为，沿袭未改之国，扼要之务当先改其婚姻之积习。但今女界有于自由婚姻外，复主自由恋爱者，贵国想亦同有此等。箴子道：自由者反乎不自由，必自由之行为。举不自由之流弊，一一免之。方式真自由，非脱却不自由三字，遂为自由也。故能婚姻，无不适宜，便恋爱，亦鲜谓不当。然婚姻之有不自由，恋爱之有不自由，兼受治自治两方面而言。若不自由之婚姻，不自由之恋爱，则全处于野蛮国俗，势迫力驱，仁人痛愤，此不绝迹于人间，为天地之缺憾。至敝国男女，才性姿状，同者什九。故至今日而言，婚姻天然之支配，靡不自由。恋爱虽未必竟无特别，然举不自由之流弊，一一反之，则无论如向所谓志郁气滞必致智慧消耗，艺业失败者不多见。苟其有之，而自由之益，更无别种消耗失败。乘乎其反，侧踵乎其后，亦甚不易。故虽无不自由之限制，即自由者近亦绝无。但此系敝国现状，不可概之他国，即敝国从前男女只徇恋爱，不问自由，后之流弊，于彼不自由何如，亦常有之。但行于两有匹偶者多为人所议，盖不讳则不能无怨，相匿则嫌于相欲。然苟各无匹偶，又何不易自由恋爱为自由婚姻，总尚因其时婚姻未达自由之实耳！箴子纵谈至此，时已不早，遂各归寝室，约定明早同赴第二纪念馆。箴、授二子均以代表地主，伴我两人游观之故，寓此宾馆，其实二君家皆不远。但膳于宾馆，为此邦通俗，各家无自起炊烟者,向皆膳毕即归以导客客,故宿此。且篋子已嫁其夫,顷亦来同膳先归矣。伉俪间之磊落,待客之诚恳,均为平权国特质也。

第二篇　第二纪念馆上

篋、授两代表偕我两人,乘电车行,相距似亦不甚远。所经之处,无繁盛荒僻之殊,譬行一大公园中耳。未几,觉气象稍殊,道旁见"平权国第二纪念碑"巍然立矣。又未几,抵第二纪念馆。从外观之,周围约宽于第一馆地址三之二,而楼阁更高,入门而招待迎,降舆而烟茗至,一如昨日。是日只历馆之半,为教育纪念、实业纪念两处。每处分类分室。尚有建筑纪念、交通纪念两处,则以次日续观。晚宿于第二宾馆,以距离较近也。兹将先历两处所见及与招待问答之词详书于左:

教育纪念处分五类,曰培养、曰增益、曰分划、曰融会、曰练习,每类皆如第一纪念馆,有器物室、图画室、记载室。每周历一类毕,招待则延入谈话室中,质问研究,尽客之意,然后更引历第二类分室。

培养类就器物、图书、记载观之,已知渐进之效极大,而由迟而速之率,愈进愈密。据招待言,自初起至于最上之比较,譬之航海,昔以一千马力之轮舰,行周时始达。今可以一腕捩机,随捩随到,其言实足惊叹。我二人指生育一端,质其实验。知此邦百年以前,母孕十月,小孩晬而后能言行,与今各国皆同。渐乃发明六月使堕,养以机囊,饲以牛乳之法,此效既明著而通行,一再传后,孕期更减,自六月至于匝月。今且可以胚胎一结,便离母之子宫,而另付养成所矣。且机囊乳管,制亦益精,法亦益简,养成之期亦益速。今平权国圆颅方趾之众,所以无愚智异赋,夭寿不齐,增减之率,不须预算。教科之授,不须量加,皆此致故。此外,如学期,自初级以至完全,昔由十二年,渐减至九年,又减至六年,又渐减至三年。今且可以代年以月。历观其授习仪器,学校图式,教科书籍,皆有昔粗今精、昔繁今简、昔肤今液之悟。至人身居处之宜,饮食之适,服御之便,寒暑劳逸之引却,风雨日月之受避,皆有定则,莫不细入毫发,而更仆难数者。此邦小童,出以自然,更无待求合始合。盖培养之效,迄于今日,人已不知世间血气之伦，有思索呻吟竭蹶抑搔等字义，更无论困厄危险疾痛矣！

增益类中又二分类。学期既缩，智力有余，乃为科学之增益，此一类也。就原有科学，更求精造无论矣，然又于各科外，添出数科。有与从前各科相辅而行者，如变科反科，对于意造诸科均有之（平权国学，分形实、意造、推衍为三大总科），有全出各科之外者，如非象科，最为宏括曼衍。我两人略求其旨，始似求实于虚，继知无虚非实，其思议真足以通天绝地。自添此科，人类脑力、耳目、喉舌、肢体之用，皆显不足。于是测知先所谓固有之能，尚未充分，而又有增益固有之说起，此又一类也。研质玩神，逾越颠杪。虽纤微必达，然却力戒悦恼，务求蹈践。后乃发明人身附著脑膜之内，有多数细胞，皆具全脑之功用，一一发展，则思忆审决之力，可以加出千倍。且气管血管，皆随而增长。其鼓引渫吸之用，故体力亦加千倍。至视听之能，虽傲彼秋毫之察，斗蚁之闻，犹非夸也。妙在测验之法，皆有器物。行用之法，皆有图式，绝非一指。不著实地者，能藉纪载舞文衍为学说之比。我两人乃问以贵国人种，臻此智勇俱胜地步，足以俯视他国，而一切凌驾之矣。招待及箴、授闻言，皆同时自然显出不安之色。招待曰：敝国以为只自尽人生宜求之进步。若谓他国不如，时会未至耳。时会一至，人人能然。故敝国非但无凌驾他国之心，并不敢以世界先导自居。我两人又曰：人生肢体之外象，想亦可求增益。贵国于此，亦必曾研究及之？招待曰：幼易长成，老不疲癃，早已见效。至发达肢体，为之甚易。但敝国学说，以为此非要义。且吾人现觉智力有余者，非但以其浮于事物，亦以其浮于肢体耳。求此充足，则彼转绌矣。

分划、融会两类，则又与增益之一分为两者相反，盖实可合两为一也。分划者，以固有之能力及前著之知行为一方面，以增益之能力及踵进之知行为一方面。较国人以前一方面，久无不平，自有后一方面。而人人于此，有似忽失其自信力矣。及验之，仍无不平，乃各释然。盖此邦人最完全之天性，经此时期，由分划而归融会之后，愈臻于坚定，无复一丝客感，能乘外境变动而入。然两类赏可为一，而彼别为融会为一类者,举固有及增益,人之心中一线贯之,俾无前后自傲之弊。故其条理,亦甚周密。我两人揣其用意在此,叹治心之功,致精微而无间然矣。

练习类初不甚解其义。器物室陈列最多,几于无物不备。我两人自忖曰:此非学校实验室。既而一一审视之,有曰绣女,曾负之农器。有曰力士,所制之彩花。有曰校师,曾司之工机。有曰书记,曾用之海盘。比类以观,盖人互锁业之始,留此纪念品也。图画亦然,有解袍带而就被褥者,有取刀尺而弃铅椠者。又有一绝大桥工,而皆女子为之者。一绝险航行而皆老叟为之者,一绝污莱之垦,而皆幼童为之者。招待曰:教育之法,敝国初苦不能普及。故平权之说虽行,人不能事事胜任,则职业不得不分优次。及培养增益之效著,遂悉除前敝。然人虽自信知行所备,无事不宜,尚不能自信倏此忽彼无人不适。其时各人皆起此意,欲有以通之。首为之者,皆居安移危,居逸移劳。往往月易所司,或且日更其业。趋之既众,行之既久,互之既熟,全国职役,今已无难易甘苦之异矣。我两人闻此畅论,乃悟昨日箴子所谓不同非不平,真平权妙谛也。

实业纪念处分实、法两部。形有、气有、力有、制有为四实。采制、迎合、支配、质剂为四法。法附于实,分为四所。然此处四所,虽分仍合,不过略作部居。故虽形有以采制为法,气有以迎合为法,力有以支配为法,制有以质剂为法,究之,一实不以一法尽。互用兼百,但各有其要领所在耳。

形有者,玉石之山,钻宝之藏,及诸矿产,皆天然常在品也。故其法重在采制。招待之言曰:吾国向于形有各品,多误以无用为有用,以有用为无用。及至种种发明,研尽其性,始知吾人无论有何等之需要,皆有恰合之物,备吾采取。纵其物或产少而用繁,亦必另有一物与之同质。但或以制法略多转折,不易察及。于是致此一种,供不副求者,居昂值于一时。既居昂值,有等未能通达之人,遂思储蓄。物一归于储蓄,有用亦成无用。推此归极,致耳目爱玩所寄,亦列其中,或且居于首列。盖储蓄之弊,始于贵世所贵,继以贵世所贵,而致有用者如无用,终乃渐成浑视,不复分别有用无用之实。而适觐便藏之品,遂据此类优点,则群以无用为有用矣。自智慧渐辟,知物物期于供求之平,吾人实有其权,非形有者能与吾以限制。故采制之法,含有无尽作用。致之一难易,得之一贵贱,胥恃此法。此法研精,工夺造物。凡世形有,皆可使如人意。前此吾国学科中,物血化学,虽非不精,然由此时期观之,尚不免有逐物而求之见。故于应用,不能无难易贵贱之分。今则有似形有者自消其居奇垄断之意,究之非也。人之智足以周乎物物,绝无一物能居奇垄断者矣。

气有者与形有类似,而待时岁长成,需气候煦育者也。林木谷果花卉渔牧等类皆是。招待谓我两人曰:二君必知迎合二字之深意。形有之物性不能尽,失其固有。气有之物,性不能尽,并固有者不能有。盖形有物先我得气,气有物待我成形也。然由此反推形有物或限于得气厚薄,人未能智及其先,致产出有区。待今采制,乃免于难易贵贱。气有物所需于长成一切之资助,人间皆备。彼所谓固有者,尚无限止,以人力所已到为限止而已。故迎合之义,全去此点,必在未发生前慎其始,尤在未长成前图其终。至已及适用之时,则亦形有物矣。二位曾观物品室中同一质同一爱养时期,而成就乃大异者,不一而足。又曾观图画室中,昔时此州田亩所占十倍于人居而不止,今则楼台间以阡陌,疏密停匀,约计农圃原池之区域,减于昔者,几及十之八,而民食民用更足,且为之者薄劳而厚获,岁无丰歉之异,土无沃瘠之殊,皆此迎合二字功效也。近且日进未已。故他国有人满之患,敝处决无此事。并又推阐形有物中,可以人力造成者甚多,亦就气有物迎合之义而渐致耳。以少代多,以精代粗,今形有物中有数大部已改作别用,先所共谓非此不可者,居然有代之者起。非但无逊,而更胜之。且彼自改作部用以后,竟天然适合。虽谓前此久误,无能嗤以好奇也。即如造屋,今多磁墙铁牗,用木材处甚少。一则既得制法,物精工省。二则各种木材,多发明其含有之质,用于织物食料药品者多,其精者并未非象料中最要旨需用,只一二种专宜梁栋,备匠氏所收。而从前广大森林,今亦半归删伐,盖不为区别有用无用,听其丛薪错楚,每生虫类,有害卫生甚大,更有用作屋架皿料,均不相宜之木,非摧折之不可。前此夸乔木为国望,诩十年之树利,并谓嘉荫可爱,养气藉通,意非不善。奈艺植不明其用,选择不稔其材,利害相因,多不及察耳。

力有为人工制出之品,一望皆以为可知。然平权国于此别有注意。虽其制造足冠世界,利者、巧者、捷者、奇者,无一不备。一机足代万人,尺匣能藏万象,即欲不翼而飞,无息而活,力有品中,皆可任择而晌致,即见于第一纪念馆,及此馆、教育纪念处者,已笔不胜纪。然皆因难需巧,非实业所专尚。独于动用所资,无人能缺之物,必合付托而耐常久,省工作而致精好,不以近易忽之也。且支配二字,最为平权目的所在。衣食住行四者所需之物,有合需有分需,有公需有独需。支配不精审则不平,供者若何求者若何,支配不精审则不平,供求之互酬宜平矣。错以百绪,综以几方面,有一丝不平之影响见,仍支配未能精审所致也。合计通国之人含有此力几何,能用此力之时间几何,又合计通国之人及输送国外,需于此力所出者几何。检查既确,然后互作比较。前计逾后计百倍,则百人中一人为此不为少。前计逾于后计仅数十倍或止十倍数倍,则虽进极于数人中一人为此不为多,此一大支配也。尚有各校支配,百人中一人为此,与他职役宜如何调剂,数十十人数人中一人为此,与他职役宜昌如何调剂,一也;属此力于百人或数人中之一人,与人性乐为之度,或有余,或不足,二也;本此以定形有气有物采制迎合之广狭,三也;就各力有物部居而判别之,为一一之分支配,四也;备国外输送至增加,及国人与国外人生活好尚,有适宜之趋进,或改变,宜如何预备,五也。本枝并察,月检岁查,大约务供者人数减则物一进,务供者人数增则物又一进。递增递减,皆当留意,统观域观,不能篇(偏)注,略有小舛,急起维持,不待不平之端见,而后起而平之也。我两人又问之曰:贵国亦需用国外物品否?招待曰:此无一定,视力其良窳,计其羡绌,适宜者不以国外异视也。昔于此等供求,别有支配。后一国内各物大备,外求者遂由少而渐达于无。然世界博物院中,固犹日有增进物品,盖无论何国有一新发明之物,及新制造之物,即吾国已有者,亦必罗致而类列之也。

制有者,金银铜三品货及纸券流通券是也。我等以其货券均分内用、外用两种,初不甚解。招待曰:从前国外贸易,盛时敝国制有品互兑之值，往往为大势掣动，不能自主，致国内延受影响者众。故其后遂分两种，内用者至于国内行用，形式权量，均与外用有不同，兑换之值一定不易。外用者先是金银二品，继而去银留金，辅以流通券，与内用金货虽同一质。以符号之异，国内绝不通行。通行者只专与国外交涉之货券行及商务总汇处。质剂之法，亦各不同。纸券流通券，本可不分，因防一方之去数多，一方或形不足，故又为此分别纸券专供本区域居民之用。其有携带递寄出此区域者，皆用流通券。至外用之券，别为一式，无流通不流通之分，亦只交涉货券行有之。箴、授二代表又谓我二人曰：曾有一次，国外需用金货多，国人以内用金货缴交涉行，改式输出而即以银制如金货式者偿国民，一般行用无二。今历年已久，此银铸金货，尚与前后所铸同行，人或更重视之。又有一次，货券行忽须输银货于国外，国民又以银货悉送行内，而得锡锑合制银货式之偿，今亦流通。由此而事观之，似其国内行用三品货，与纸券无甚分别，只取信用而已。然招待则曰：此尚过去时代之事，今则国外流通券之行用益广，各国有货券行处极多，即内用货券，以国外人居留及设贸易于敝国者，流转通行于各国，敝国亦更不为禁阻，盖三货日充牣，内力日坚足，更无国外影响可以致敝国受牵缀也。

我二人于是更询外商近日国内质剂法之定制。招待曰：敝国现行者，似只居实业中一小部分，无甚可述，亦菲他国所可行。故特略言过去数时期之迁嬗，以见此本实业最要最大之事。而如敝国之由广致约、由奇转正者，因其效周延于各部分，遂若烘云托月，月华而云净矣。盖制有物之质剂，其手续全在由不平以致于平。今敝国一出于平，故物物皆公，无一非若制有，无一不有质剂，此名专之制有物及质剂法一端而已。承二位问，亦当有以副尊意。然住居公有，二位明日必于建筑纪念详之。舟车公有，二位明日必于交通纪念详之。实业中，形有、气有、力有之悉为公有，二位先已详之。不过个人所需随大致相同，各宜有其自用力与自便心，故尚有此第四实法耳。今国内质剂之法，每区域一总行，又分作四小行。每行所司居民，愿以其所应入由行总收而日支所出听之，愿自取所入而自支所出，亦听之。然殆鲜不由行总收者，近其支出亦多自为组合，虽不由货行代司，而各立小团,将来或遂成定式矣。至各区域产物、制物之互通,应用流通券又归一行专司出纳,与本区域货券行不相连属,其规定亦复相似。以前有一时期,质剂法最发展,在国外交涉货券行。然今以形有、气有、力有物输出日多,遂亦渐如国内,此法为一小部分矣。国外人当时有言,谓他国对外之力在军队,敝国对外之力在货券行。今皆悟货券无大力,实业根底全在三实,制有物已为实中之法。夫法由实出,实优在法胜。敝国实业纪念馆之成立,在实不在法也。

是日历教育、实业两纪念处,为时更久于昨日第一纪念馆之周览。天已将晚,遂起与招待暂别,为明日之约。随二代表,仍乘电车归寓。膳毕,复与箴子纵论女粹室所悬制器各图(室在教育所培养部)。我二人曰:教育所用精妙器物,莫不由女子创造。贵国女性优异,各国人皆不能及。箴子曰:女性长于制器,世界皆然,不独敝国。即如前此东方补天、填海之说,原非果有其事,但藉表闺思邃虑,女德所擅耳。其后世鲜传衍者,因时尚浅显,人习竞争,遂使工艺之用,只见于外部,而心理微茫,无能为电旋光摄之实验。敝国创此学说之某君,一生落落,同时最赞成者,为其一女友,独信其说,求实行之法。虽未能制器,已开端兆。遂有数女子结一学会,就某君女友已经试有效验者,力求致用于普通。然皆确知非得凭藉于器物,用既不宏,术亦不密,且世人以神妙为妖,罔亦非此不能为某君及其女友涤此疑谤。于是一意研究器物,不及十年,即有所发明。其后渐制渐精,皆女界一部分为之。出风云,穿金石,夺造化,挽气运,其功诚不可思议也。今敝国教育似占优胜于全地,实由女粹室所悬各式器物之力,且影响及于各方面者尤不浅。但非必只女子能为之,因当时一女子几失败,众女子奋起共图,遂独成此大业。今世界各国凡与敝国交通者,多相仿效。我敢为一妄言,此女粹室非第敝国之女粹,实为全世界之女粹。将来六洲兵器潜消,人类胥成正果,始此一室矣。言毕,微带喜色,笑谓箴子曰:二位贵客前我太放言矣。我二人起身拍手赞叹曰:此乃万国公评,岂但百世不易!箴子曰:善颂善祷。二君垂视之厚,于此而见。言已,适旅主人进烟水,四人各领其一。藉此佳品,后互话途中风景,几忘倦矣。以明日尚有游观,乃各休息。

第三篇　第二纪念馆下

次早，仍如昨日，四人同车到馆。我二人入境三日，已略见其建筑之精备，交通之完善，今益以纪念馆之由后溯前，招待员之要言尽意，殚见洽闻，不啻遍历其全舆，悉读其往史。兹所忆述，或有遗焉。

平权国建筑之进步，不及百年，已分五时期：第一时期，国是初定，胥国民之力，注重于全国之道路，农亩之阡陌，水道之支引，以及商场、工肆、学校，靡不改良求适。而各公共机关，如治事、议政、徕宾、整军之所，只求备有，较众居略宏敞整齐而已。第二时期，国民引注意各要工之建筑，研精尽智，悉臻美善。于是，举各公所，一一以其进艺改旧图新。第三时期，悉国民居屋，一律改造。当此时期，正平权主义极端发达，故各家家屋，莫非自为，亦莫不一式。制无高卑华朴之殊，工无巧细良窳之异。然其为此建筑之时，又绝非各分畛域。应组合共举者，可独力各营者，皆有部分。自经此番改造，酌稼圃林池沟洫之应有，与市肆宅舍之足用，适当支配。举国内之域，成一庄严灿烂之大场合，无非聚市成都，巍居广道，自无所谓丛林僻野、危巷陋室也。我二人初以家屋皆同，而家属或有多少，岂无不足有余之别。及问招待，知此邦家口决不悬殊，且生男稍多者，子随媳居；生女稍多者，女随婿居。通国之增丁有率，一家之继体有常，而又各互哀益，以济偶然之不均。况人始离母腹，有培成所。既备官骸，有育成所。既具知识，有习成所（即学校之总名，盖此时期之改定，无初级上级之殊，无形上形下之异。合百家成一所，十龄毕业而无勿能矣）。公屋公人公费，于家无所私占。迨毕业而就职事，又为公人。即至嫁娶以后，尚复如是，治事于公所，食于宾馆，各人之家屋，实各人寝台而已。我二人又问：经此建筑以后，阅时既久，必有增人，则凡亩入食物之多寡，已成各公所及家屋之广狭，自必处于随时变通之势，然今悉适可，后岂能支？益此则彼更绌，攒花簇锦，何处更辟余地，意必求之国外始可耳。招待曰：敝国既以平权为定义，若冀国外土广人稀而备我之侵轶，则初心有背矣。国外之有无悬地需人，系乎时会。我如必悬人需地，非争何决？争非胜败之虑，希望人之非所余，攫取人之所不足，敝国决不肯为此。果肯为此者，决不能成立现时之国体。二位为敝国虑后，敝国亦已虑之在先。增人固知必有，而形有、气有、力有物之遍输国外，固已涵有无尽之藏。且敝国研求形有、气有、力有物之增加，其锐度必不下于增人。国人对此，意有轻重，故输外日增。今方共议泯此轻重，将酌外力之不及，为输额之减止，暂以含英敛华为用，岂转虑物竭，至公所居屋，今为五层三层之分，照敝国工巧，可至数十层，现以敷用而不为。将来一度修筑，则一度调查，以渐增加，空中决无尽境也。

平权国最长水学。彼之水学，非输沦排注已也。彼视水于各矿质同，若者甘，若者芳，若者咸，若者苦，若者淡，若者厚薄各分，若者轻重悬异，若者宜灌，若者宜饮涤，若者宜疗病。非但川上能知，即伏土中者，亦外审而辨。昔人所称能辨淄渑，不足复数。故其田亩受益，不啻极美之壅料，而解渴愈疾。各有多泉，每家数水管，培灌植物，烹茗酿酒，制药盥沐，皆分管挹取。而田亩所需，就其易置，宜黍宜谷，利用倍于泛引者，什且不止。故吾人谓水土之宜，似言土宜而水随之，且但以无有余不足为宜。彼直言水宜而土随之，且分别所宜至析。招待告我二人曰：水之殊性，有如寒暑，有如云尘，有如眠醒，有如攻守。而国外人尚多一体视之，一例用之。如敝国前时，流弊不少，急宜研求，非可缓图矣。我二人询其办法，招待曰：此已成一专门学，其微妙处，非顷刻所能尽。举其粗者言之，激泻漩伏，既非悉由于地限人为。而色味量力，亦皆审之有器。敝国当初，只知淘汰浊质，力求洁净，此外更无深求于水之能事。殊不知薰莸同为植质，蝉蚓悉属微生。赋性既殊，非恶人斋戒沐浴比也。

又其消减寒暑之法，不似他国以一汽一机，适温凉于堂室已也，其注意全在公共。故当通国悉除水旱疹疫之后，遂力求解此过度之寒暑。所造机台，初制甚难，每百家之区域，置台一座而已。其力不足散摄日热，只较平日增减摄氏表十度以下。今制法精简，愈奇愈易，渐至十步一台，家具而户设矣。其法下吸地气，上布空际，为一机管，煽动地气之力，于日力为迎拒。又一机管，两管有时并用，有时互用，灵捷轻巧，见者不知其转旋气候之功用也。我二人来此，本在阳历十月,煦爽得宜。初谓及此佳日,至此细问,始知通年如是,其国人久已不知挥篿围炉为何事。我二人又以植物发生,有时必须热度,遂复用此为询。招待曰:此皆向来限于天时,必乘肃杀未届,催成五谷之实,其收效于秋阳之暴者,譬唐花耳。敝国终年气候,皆令适宜于从容长养。故岁收四五度,且颖栗坚好,非昔所见。无严霜疾病之避,亦无伏日暑雨之畏,自然致此,不足异也。地气既融,灾暴自泯,致力于气有物之迎合,至此乃大奏厥效。至人无偏受,亦无藉乎偏救。万一偶有小疾,水治药治之外,或需气治,则亦甚易。无论值寒暑旧令与否,苟暂欲用此寒度热度,尽在气管收放之用,欲如何则如何,与用水火,无以异也。

前此所纪,悉举其要而已。而此建筑纪念处所见最奇者,尚有一事。盖其全国山川以今图与昔图较之,真不异麻姑仙所谓沧海桑田也。彼之建筑乃举砖砖坤媪,如手持一器,审曲面势,削高培庳,惟意所施,平权智力,一至于此。地平天成,非颂词矣。招待及二代表语我二人:此等功用,皆不足为难。敝国致意,全在为之不难,必致于人人能思,人人能议,人人能作而后已。决不肯尽一部之死力重劳,成一工作也。以为苟如此,则乖于平权之义,毋宁茅屋土堦之为愈。故凡今所建筑,皆无一位国人视为难事者。器之既备,法之既良,与操笔为书画、拈针为采绣,同一愉快。即如采化土石以成金类,镕琢金玉以成用物,昔皆为劳工,今则取材于百丈之窟,致壁于重楼之上(其国屋壁窗牖,多以金类制成,可折叠,可拆卸。镶嵌琉璃,皆薄如纸,而坚不易碎,金类亦久不损坏),冶金于烈焰,剖璞于层山,非但事半功倍,以最今较其初,事什一而功一什,殆非夸也。我二人按其语,思其效,全由注意于平权、平劳、平业之勉致,乃有平力、平智之研进。平力、平智之研进,乃有平功、平利之渐达。一分子之所图,必求全局之利。一分子之所苦,必由全局筹免。人不相责而相为,具此心志,何有于不平?世人动谓先求智平而后权平,无论其先已计及效验,非由不忍人之心而发也。且为此言时,其人已于人己对待间,有相责而无相为。智何由平,而因藉以为不平权之说词,岂可哉!

其建筑之能力至此,我二人今方尽悉。因以思数日所见各制造品，即其实业部所谓力有物者，皆以坚致精美合用经久为度，不甚为过细之雕镂彩缋，因询招待曰：贵国于此，似亦有含英敛华之意？招待曰：非也。雕镂彩缋过细，则专美外观之念重。外观固当美，然应在已致良好，更有余力之后。敝国求致于良好之力，尚有急于外观者，故不骤为过甚也。且尚有一言为世进规，物有因美外观而致不适于用者，或致振刷卷叠洗濯收藏之难，或致摧败暗淡之易，皆所常有，而最宜注意之要，则尤在审物之值，于力之值。既致工于坚致精美，又为无益之镂缋，则力重而价轻。妨碍一方面，增价以偿力，又妨碍一方面，又转以损真实值良好者。此在初讲工艺之国，尤当以敝国为曾经受厄之前鉴也。我二人颇服其言，故虽无关于建筑，亦并纪之。

由建筑纪念所出，便到交通纪念所。周视既竟，入谈话室。我二人计其交通，凡分三部：一水陆往来之交通，二书信投报之交通，三意念传达至交通。复久见闻，详书于左：道路交通，其所常用舟车等类，就形式未甚殊于各国。但航海梯山，虽仍此轮轨，而作用则精妙出人意表矣。一轮舟也，可以离水面为飞行，可以潜水底为伏行，可以登平地为陆行，速率亦倍于旧制，虽未能悉知其蕴，大约是一层一层，套裹而成。一层是一层作用，妙在层出不穷，非离水不复可下、伏水不复可升、登陆不复可升也。即我等连日所乘之车，虽系小品，亦可飞行水行。更有一种较此更小者，折叠可以手携，舒足亦仅容一人，轻机拨动，可以驰平原、泛江海、入云霄，此小乘器之速率，无可言喻。倘二三人同行，各携一具，可钩连并行，可先后随行。尤妙者，无论飞潜水陆，凡平权国之舟车，无所谓遭风遇险，及乘客不安等事，彼虽不秘其法，然据言各国人虽巧仿之，未能遽及也。即以此一端而论，彼幸以平权为立国主义，国外国内皆以悉底于平为其目的耳，否则具此智能不难驱吾辈悉为牛马也。我二人以此言颂，招待及二代表三人，皆踧踖曰：是何言，敝国先非悉去不平之恶意，亦何能致此为世界平权力役之知解。今世界有一不与敝国平等之事，敝国主义未为完全通国人所引以自励者也。我二人又问曰：止水火风气电光六者之力乎？抑更别有发明乎？招待曰：各力皆由心致。心力一盛，周遍宇宙间之形形色色，微著而晦显，无不一一效用。若析而言之,不能即尽,统名之曰心力而已。君不见图画室中有一人身裹云气而御风泛水者乎?在君等或不视为器物,实则明明制炼而成,并非凌虚蹑影,有何玄幻也。我二人又问曰:似此精妙之制造,必非易致,恐未必人人能具人人得用?招待曰:若有此等事,则敝国不能为平权国矣。物物平其值,人人平其能,无所谓易致不易致也。物为平权国之物,人为平权国之人,但适于可,不使浮于用耳。人力且不尽,更何有不能具不得用者耶!

书信投报之交通,其于国外,亦尚用邮递及电字电话,并无线电压力机等物。国内则纯以謦机、誴机二种。几于家有其物,非常便利。謦机略如电话,而其制更精。无论千里万里,山海之阻,二人可如对谈,并可数人互谈,且与誴机同用,则数人可聚影于一室,此间人问答时之颜色、动作,彼间人见之。彼间人问答时之颜色动作,此间人见之。譬如分居国之东西南北隅,若四机齐动,则四处皆与四人聚谈无异,所不能者形体上之携手促膝,及投赠琼瑶,酬酢杯桊耳。而此投赠琼瑶,酬酢杯桊。则又更有一机,可以指达某处,交何人,只速力稍逊于謦、誴二机。然据云,温酒一尊,行千里而未冷,亦足惊人矣。我二人曾一面试之,箑子绘画一纸,投机中,索千里外一女子题诗,略一延伫,诗成图转,彼间命豪含韵者墨迹尚未干也。此机有似压力机,然较更精,又更试之誴机,一转运至劳。前日在第一纪念馆之景,如画图一幅,张之室中矣。此较摄人影尤奇。

至于意念交通,我二人初未得指归。据招待曰:前此二者之交通者,有形声影之别,意念交通,则三者融合为一。此机一动,对坐之人,不啻互为彼我,我即千里以外,可令彼以我身为身,我以彼身为身也。我二人于此反复致询,意不外疑为近于玄幻。招待曰:平权国无不从实理推究致用,而率立一说者,故皆有机器,非凭虚逞诞之意想,亦无出神入怪之玄妙。但身学性学,未尽发明于世,闻者多恍惚耳。又曰:世界学说,知天知地较详,知物已不足,知人更不足,盖学说由人自知最难也。譬如日星风电,吾人见其光,闻其声,以非由身发耳。而由身而发,较天地间日星风电之用,更密切者,乃以愈习愈不察矣。人身含有,岂曰耳目官肢足以尽之乎?一出息之微,一涉想之起，皆有物焉，附丽以出，可以致远，可以入深，非无形不易凝也，非无声不易续也。此机无他，凝所不易凝，续所不易续耳，互入而凝续焉，则彼我如一矣。譬之水惟泾渭不相入，人性非殊，岂有尔我各为，如泾渭哉。敝国创始此义，由形体上之互均劳逸苦乐而起，不意渐致深微，有此效验。初犹疑为爱力感应，未能通行，及后机器制造既成，乃人人知其故，人人视为常矣。盖敝国无论何种理解，苟非凭藉器物，确有把握，虽心知其义，皆从躅弃。二位欲知敝说非谬，更请听一最切当之比喻：东西对悬两镜，何以能互见两方之物？此有所施，彼有所受也。但须镜各莹明，物各整体，则无恼悦杂乱之象耳。我二人闻言，默想久之，未能措一词。授子乃举一机座，介于我二人之间。我二人立觉易坐，而见对坐者为己，一瞬即复，似觉授子词色间，尚未能尽机之用者。箴子起曰：客劳矣，明日尚有第三纪念馆之周历，勿以是疲困形神也。我二人惘惘而起，辞招待，偕归宾馆，尚沉思前事于餐席。箴子似更有以相启发者，餐罢散座，复谓我二人曰：螟蛉入果蠃穴而相似，女子生子而似其父，与今所谓犹食肉而饱，服气而长年之异精粗也。夫弦遇暵而力急，鼓以雨而音沉，南人居北土而性刚，齐女适吴宫而多病，一寂一动之感受难而易显，两动之感受易而难显，二君能易所难，自勿难所易矣。言至此，取二盂分盛冷暖水各满，手一管中隔而首尾互半启闭，入首于暖盂，入尾于冷盂，指拨吸机，一瞬而冷暖易，又一拨而冷暖复，凡使我二人三试指于盂中，笑曰：顷二君譬盂水也。授子所设机，譬此管也。二君能两寂，则机用尽，能各动所在，而寂所存，则机用更尽。吾人举足则行，启颔则言，决无勿能者，习耳。敝国人岂有魔术秘旨哉？亦习而已矣。我二人曰：交通之术，至此诚不可思议，而君第曰习，何言之谦也？箴子曰：君谓此为不可思议，尚有不可思议者在。言已告辞。授子亦辞，各殷勤握手，而订明日之游。

第四篇　第三纪念馆

三日以来，闻所未闻，见所未见，意谓观水止于海，无可加矣。二代表虽约今日为第三纪念馆之游观，我二人各忖于怀，跃跃于别有奇峰，复慄慄于索然兴尽，乃第四第五两日二十四时中，除眠食往来外，目不暇瞬、耳不及息，履意所未萌之境，辟思所已尽之途，始叹此邦真到一无缺陷地步。而箴子第三晚所谓尚有不可思议者在，非夸辞也。不复分日，综见闻思问以类序之。

　　教育易为自然直存进，盖已研究达于人生智慧肢体，有不疲不毁之作用，非如旧说人与天地同寿为空衍。故已知已能者存以自然，待知待能者，进以自然，不复用教育也。而又绝非致力于饵丹服气遏欲存性一切修持保卫之法，皆所可废，其原因全在第一纪念馆所见。内视、外视二机镜，此馆所陈虽更种种不同，制精效大，然皆由二机镜推进也。此种种之器，能察见人身内部所含生力，及耗此生力之他力。又能察见外受之助生力，及此助生力之转换。无微不显，无变不穷。乃为平准之蓄泄，使所含无尽时。更求依时之迎送，使所受无异致。内而耗生之他力，一一渣末无存，出于自然之消极；外而循环之营卫，常常合我所需，出于自然直凑泊。其机数十种，各有分别，而却又简要不繁，一似无他谬巧者。图画则由镜显出各力之状态，皆附略说。我二人略知大概，然纪载既不能遍揽，尚多藉谈话室问答为助理：（问）动物必死，千古定论，何以贵国乃能反常？（答）动物之生，具生机而赋生气也，昧其所具所赋之率，窒与耗以致死，一也；不稔助生力之转换，使渐爽渐戾，久且相贼，因以致死，二也（其意谓助生力日有转变，至数十百年而大异，往往前足相资，而后足相铄。人惟日新其延受助生力之机括，使亦渐为转变，则能久存。譬如春花落于徂暑，秋叶凋于岁寒，倘桃李具芰荷之性，梧桐续松柏之根，四时常好，何待赘言）。是乃反常。二君转以敝国新发明为反常，因世界尚未普知动物无寂理，生物无死理。理性未充，遂以人为不善，属之天然期限，而为长生说者，又多舍本逐末，劳而无成。且彼辈之意，非为固有者当全又安知习行者皆谬。积诟致废，亦何足怪。敝国为此，非以现存者有利于长存，但知而不务，便为放弃。放弃之弊，可以极于百为皆堕。故曰至诚不息也。且除旧多所间隙，既知有可不敝、有可不辍于渐进，岂当绝河流迂江行使不径达海乎？（问）然则三君虽似少年，度已不知逾百年几何矣。但连日宾馆交际，老少均有，此又何说？（答）此因此法普行时之老少为老少也。敝国人自发明此说后，所生者大约常如二十许，盖不使不足，足则不使衰。至前此所存者，参用修养，除损坏一部无可规复外，大概五十年以内者，外形皆可如三十余，六七十以上者可如四十余。然当时因此亦颇起各种研议。损坏者多自谓不必复用此法，可使早尽。卒以多数不从，仍定普行。即终不能存，亦较常寿悬殊。故至今仍有存者，惟形质不能免于衰老耳！然效已确见完全无损者，五十年后，较五十年前之试验，无丝发之殊。纪念成立，非无把握。苟漫为于目前，则腾笑于日后矣！（问）能确定无尽期乎？（答）行此法后所生之人，未有死者。虽未敢遽曰无尽期，亦未能妄测尽期也。（问）此后生育问题何如？（答）敝国自第一纪念馆成立后，生育之率即渐减，近来更甚。此为自然之趋势，无庸矜心作意，盖敝国无论今尚有损坏待尽之人，即至存者，胥皆完全。而大地砖砖，待人类增添，共成之事业，尚甚繁巨，不必即废生育也。（问）此法倘将来世界普行，生育终必止。生育既止，男女配偶，岂不可废？（答）男女配偶，本非尽为生育，因吾人不知存进之法，只得趋重生育。故遂视生育为配偶唯一要义。敝国人从前未立第三纪念馆时，即知生育因配偶而有，非配偶因生育而有也。

次则交通易为无象之测验。夫交通而至于意念互输，知忆互据，更何余蕴可求更进。然此乃更奇，一曰以往验，一曰现在验，一曰未来验，得析列之：

以往验者，自有人类以来，不知经若何年，乃有书契，前此暗没勿彰。吾人所共叹也。此邦陆续发见地中僵体蒸制之法，愈研愈精，多有由此体脑中，验出其生时经历之象，层揭逾于千纸，影摄尽于一镜。前后缔接，彼此证发。图画所悬，未及百一。而择丝存经，已能使书契前千万年世界人事，悉著无遗。甚且未有人类以前，洪荒景象，均于屃灰槁炭砂石及各僵兽中摄出。其所能延纳之状，此邦已往之测验。不啻举自有地球以来，悉与吾辈观者以肢体耳目之交通。妙在悉由地中含受各遗体实摄而得，与神游臆定者不同。且其原质具在，任指一物，以摄镜立摄之，与悬图无稍异也。（问）僵体既已成石，何由复其脑质？（答）沙土内注，故成石形，吸尽则复。（问）灰炭岂犹有

167

摄性?(答)未为灰炭以前含有者,不以灰炭而失。敝国尝于深涧得一枯木,测闻急流之声,知其入涧时生气未尽也。声尚能摄,况于形乎?

现在验者,星球以外卫星、行星、恒星之内部,外延皆有测见之器照摄之图。其法放一非质造炼所成之器,直指卫星或某行星及恒星之中,或近处核准空程以限冲力回力所即返,器中已含所达处延受之象,镜摄图绘,十无一遗。如是多次,各象均备。山川人物,虽千殊百致,究亦与此星球相类处不少也。据招待及箴、授二代表言,此器造时,经数百次之试放改为而后得成。现时此邦制造,无更佚于此者。(问)非质造炼所成之器,既云非质,于何取炼?(答)此言非质,谓取含遗质耳。譬言人身为多种原质构成,其实皆各质含性,名之为质,略未惬当。敝国称此器以非质,乃取之于质而不以质名也。(问)何质之含可指示否?(答)具腾射力、回向力、藏摄力者为内部,具摄取力者为前部,具旋转力者为左右部,具驱辟力者为外部。此器有动物能力而无动物避忌。(问)顷承见示此器,则确有形质之一注射器耳,何以曰非质?(答)此其郛廓,激力一动,内含脱颖而出,非用机镜不易察见。其返也,亦以郛廓受之。(问)此似气耳,何以名之曰器?(答)具有定力不散荡者,何一非器?不得以寻常目力难察谓为气也。

未来验者,由人身各部分所含进力与世界各形有气有力有物所含进力絜度计量,以定改进之迟速。即如现今意念交通,未能达于相隔至远机镜之测摄,未能以人身自有者为之,致必有藉乎器,方能实得。皆进力养成,未届其时之故。然却有然有不然。盖此类进力,有人身含有者,有人身未含有者。此邦以推验著为定义,何者至何时而变动,何者至何时而替代,何者终久不变动、不替代,一一分别之。其变动、替代作何等情状,亦一一著明之。(问)贵国一事成立,必由实效,此未来验似不同?(答)人物进力之絜较,已由器测得实,即实效也。(问)人各就此为趋向,似与以限制,而不使复有异同?(答)进力所含,与外力所助,皆令达于极端,岂得曰与以限制人于推验既尽,自有趋向,岂得曰就此为趋向?盖有趋向而后有此,决非有此而后有趋

向也。自此说初创迄于成立,试验多端,即如力能絜重几何,渐进至
何时能加几何,目能及远几何,渐进至何时能加几何,皆最显而易验,
莫不一一相符,前无差爽,岂得谓后有同异。(问)自有此推验,则贵
国此后更无纪念馆可立矣!(答)不然。今不过知何时有何作用耳。
至其作用所凭藉所发展,非至其时不能具作一浅显之喻言。今方茁
藕,知有茎叶华荋之续生,不能便唱《采莲曲》也,又作一眼前之喻言。
今以非质器测见各星球情状,身履其地,非其时也。

(完)

4.《苏报》旧主人呈沪都督文〔1〕

　　呈公民陈梦坡、汪幼安为重办《苏报》请发还机器、铅字及生财等
件事。案查梦坡等于戊戌之秋在上海创办《苏报》,其时正植〔2〕满
清政府厉行禁扼言论政策,查封报馆,拿办主笔,横暴不可向迩。而
《苏报》于万口皆瘖之会,倡持正论不□威惕,时时与万恶之政府磨荡
冲激,盖濒于危者屡矣。中间梦坡曾赴烟台,幼安独任报□者半年。
嗣□梦坡北旋,幼安西上,而《苏报》始终持监督政府、导引民权惟一
之宗旨,緜历四载,未稍变越。旋复得吴君稚晖、章君行严、章君太
炎、邹君慰丹等提携撰述,于是《苏报》遂于中国报界放特别异彩,而
为鼓吹革命之先声,宜乎其披祸至烈且酷也。壬寅〔3〕《苏报》之难,
为中外志士所愤痛,其事始末,当至今犹留脑海,无庸覼缕。当时章
君、邹君即时入狱,而梦坡父子亦先后被逮。同时牵连就逮者尚有多
人,而邹君竟以永填牢户,赍志九原,尤可深恸。今幸革命告成,民国
肇立,同人恫往忺今,以《苏报》之役为最初与政府宣战之职,虽一时
横被摧残,而嗣后言论鼓吹如火始燃,如泉始达,遂一往而不可遏。
满清政府之颠覆兆于是。今不可不组织《苏报》之复活,以为我中华
民国言论界留一绝大纪念。经查苏报馆被封时,所有机器、铅字及馆
中生财一切,概为前清上海道署所没收。此项机器铅字等系从前梦

---

〔1〕《民立报》,1912年5月2日,第10版。
〔2〕 原文如此,应为"值"。
〔3〕 误,应为"癸卯"。

169

坡、幼安经手接购胡君铁梅之件，原价为五千金，嗣后添置铅字及生财等，又费三千金。应请都督行查旧沪道署原筑，将前项没收原件照数发还，以为重办《苏报》之用。倘各件已变价或弃掷，无复存在，则请酌于沪道原有范围之公款内，饬拨银八千两，作为发还原价。惟此款应请作为民国政府所给《苏报》之基本金而不作个人之私产，由办理人领收，组织筹办。其有不敷自行募集。务使扩张完善，宗旨严正，永为民国前途效力。当然之鼓吹，以勿负都督主持之盛意。复查南京政府曾宣布命令，征求国事被祸及毁家纾难事实，意在予以相当之恤偿。窃思吾人奔走国事，自为天职之所应尽，因此而婴荼毒，灾身覆家，甘之如荠，绝无要求偿恤之心。故前事各人所受损失，殆难数计，均请置之勿论。即此机器、铅字，本为私产所置，倘蒙准发原价作为公股，无人私为己利，合并声明，须至呈者。

附录二　亲友赠陈范诗文

1. 呈梦坡先生并示撷芬吾友 [1]

班仙陈超

　　家君以不羁士,作域外游。胡越一家,交游甚广。超幼习旁行,略谙寄译。以彼方此,愧为顽废。以是常以振兴女教自任。邂逅撷芬,知有同志,遂订深交。梦坡先生推其爱女之心,兼爱及超,惠以佳章,匡其不逮,时壬寅中秋后数日也。塾课方殷,未克酬答。除夕端居,追维注爱。勉作长律,蚓笙娃鼓,奏于雷门。闻者得无抚掌乎?

> 人心日以漓,世道日以促。
>
> 须眉大丈夫,几辈随流俗。
>
> 黄金论交情,酒肉相征逐。
>
> 在家计子孙,居官守利禄。
>
> 宵旰方殷忧,不闻臣下辱。
>
> 讵知巾帼中,忽有双峨矗。
>
> 顾影貌如花,虚怀心似竹。
>
> 若以从军行,迷离惊扑朔。

---

〔1〕《女学报》,1902年第2卷第1期。

吾宗南岳叟，怀抱卞和玉。
出现宰官身，傲岸忤当轴。
退去乐林泉，居恒多抑郁。
来作春申游，议论日盈幅。
每借人酒杯，块垒浇满腹。
大声每疾呼，狂歌时当哭。
纸价贵洛阳，海内风行速。
坐言看起行，天心终往复。
撷芬及笄年，自幼父书读。
孝友本天性，渊源见家学。
岂徒咏絮才，何止铭秋菊。
恨不奋雄飞，情难忍雌伏。
为念国势弱，皆因女教失。
二万万同胞未能食其力，
贵者习骄奢，贱者等奴仆。
教子与相夫，几人能杰出。
于是创《女报》，纤手羊毫握。
拔簪供报资，挑灯亲著述。
奉劝同志人，人人习四卫。
算法地舆图，致知在格物。
男子之能事，女子岂可忽？
齐家平天下，共挽斯危局。
勿使中华人，一半居桎梏。
超少不更事，时艰嗟蒿目。
自媿一无能，大厦支独木。
何幸识撷芬，谈心常促膝。
见开广几许，襟衽深佩服。
与子金石交，此交久弥笃。
多谢南岳叟，及乌因爱屋。
长篇勖且诫，从今慎幽独。

我愿偕撷芬,跻上高堂祝。

生男洵可喜,生女亦知足。

南极老人星,多寿更多福。

2. 别蜕盦八年后相见于海上,作此赠之[1]
夏曾佑

十年不见两茫茫,忽尔相逢语转忘。

一劫那能一宵说,此江更比此心长。

琉璃厂外泥没脚,关帝庙前酒满筋。

自问只疑弹指耳,兀然相对两头霜。

眼前依旧一尊陈,便尔匆匆算一生。

往事已随名世去,出门便有大江横。

野言零落原无次,秋梦悠扬不记程。

只是迷津何处问,十年随例约归耕。

3. 满江红　送蜕庵北征[2]
兰　皋

绿叶浓荫,春已逝,斜阳又晚。

来料理,琼宴樽俎,翠笺肠断。

同是天涯芳草客,还惊客里如云散。

看王郎斫地不成歌,豪情减。

归燕杳,帘空卷。

龙口也,延津剑。

尽青衫浼酒,泪痕相半。

意气当年依旧在,鬓丝无那星星乱(写至此,撷芬来言蜕已在舟

中矣）。

待殷勤祖帐上东门，江帆远。

4. 赠陈梦坡[1]
（作者不详）

相逢湖海各飘零，两戒山河迹半经。
百尺楼头总高卧，联床夜话一灯青。

茫茫人海怅何之，一榻维摩入定时。
大雅衰亡南社在，不逢李杜莫谈诗。

好结云山未了缘，二泉品茗记当年。
此生到处为家惯，阳羡如今劝买田。

5.《在山泉诗话》序[2]
胡怀琛

余性冷淡，对客终日无一言。同人许为老成，实则不然。盖余极偏僻，一言一行，不肯从他人之所为。既有不得已而蹈常辙者，终非我之志也。壬子之秋，识陈蜕庵老人。蜕老于清季创《苏报》，昌言革命。及民国成立，深自韬匿，惟恐人知。白发婆娑者，独喜与少年游。介绍余识潘兰史。兰史读万卷书，行万里路，久富才名，交游至广。十年前，曾撰《在山泉诗话》，今付剞劂，独命余为之序，此何故也？非言行不肯蹈常辙户？夫诗人别有怀抱，非逐逐尘事者所可与言。蜕庵、兰史，吾心所佩。今蜕老已作古人。舍兰史，吾谁与归？
中华民国三年泾胡怀琛寄尘序。

---

〔1〕《民权报》，1912年12月18日，第11版。
〔2〕《南社》，1914年第11期。

附录三 怀庭府君(陈钟英)年状[1]

陈 鼎 陈 鼐(范) 陈韬等编

府君姓陈,讳钟英,原名纶。己酉乡试改今名,字槐亭,后改怀庭。湖南衡山人也。府君二十一世祖添亮公由茶陵迁衡山,十五传至建宇公,讳明,尝析居丰塘乡,为府君六世祖。四世祖九来公,讳文贡,安贫乐道,不求仕进,力学讲理性,一时学者宗之;邑人为之立传,以南湖公官赠奉政大夫。四世祖妣,氏李、氏黄,赠宜人。曾祖之翰公,讳世宪,居处方严,训徒自给,岁馑流寓于蜀,以南湖公、恋人公及府君官,累赠至通议大夫。曾祖妣氏康,赠淑人。祖南湖公,讳叙硕,至性过人,孝友无间言,好读书击剑。挟策说经略公额勒登保,入军幕,掌文牍,议功得县丞。川督蒋砺堂相国特保授江津知县,历任合江、云阳县。所至有政声。罢官后,卜居于合江之西乡,以恋人公及府君官,累赠至通议大夫。祖妣氏殷、氏潘,赠淑人。父恋人公,讳伟,精于《周髀》奇门之术,屡试不第,以眷录议叙,援例改知县,选江苏金山县。忤大吏落职,后以军功复官,加道衔。公绝意宦途,归衡山,不复出,以府君官赠通议大夫。妣氏张,赠淑人。恋人公举二子,

〔1〕 原件为清光绪年间木活字本,原名《皇清浩授奉政大夫、晋封通议大夫、浙江补用同知、鄞县知县怀庭府君年状》。录自熊治祁编《湖南人物年谱》4,夏剑钦校点,湖南人民出版社2013年版。

长君山公,次即府君。府君中己酉顺天乡试举人,拣选浙江知县,以功保补用同知,加三级,给三品封典。晋封通议大夫、浙江鄞县知县,历任安吉、乌程、兰溪县知县,历署富阳、嘉善、黄岩县事,充癸酉科浙江乡试同考官。以不孝鼎遇覃恩赠文林郎,赐进士出身,翰林院庶吉士。配吾母赵淑人,晋封淑人,道光丙戌恩科进士原任湖北按察使江苏阳湖赵公仁基女。子三人,女五人。长子不孝鼎,丙子举人,庚辰进士,翰林院庶吉士,国史馆协修。次不孝鼐,次不孝韬。长女适附生赵实,不孝等母舅前直隶易州、直隶州知州阳湖赵公烈文长子。次适浙江候补通判张肇纶,原任湖南华容县知县阳湖张公嗣璜次子。次字周国涂,不孝等从母婿修选主事阳湖周公腾虎次子。国涂早卒,过门守贞,丁丑年咨准请旌。次适乙亥恩科举人候选知县沈秉衡,浙江候补知县武进沈公懋嘉次子。次幼未字。不孝鼎娶候选县丞武进李公嘉笙女,不孝鼐娶浙江泰顺县知县阳湖袁公绩庆女,不孝韬聘福建补用知府原任霞浦县知县阳湖庄公时敏女孙。如山、如阜皆不孝鼐出。孙女一人,不孝鼎出。

道光四年甲申十二月二十四日亥时,府君生。是年曾王父南湖公官四川江津县知县,府君生于官廨。

五年乙酉,二岁

六年丙戌,三岁

曾王父调任云阳县,既而檄署合江县。

七年丁亥,四岁

府君性颖慧,方解语,即能诵读。王母每教以五七言诗,吟咏间声调自叶。秋,曾王父由合江调赴云阳本任。五月,姑母生。

八年戊子,五岁

王母张太淑人患肺痨,日咯血,晕绝辄数时,每至危险。府君终夜不寝,数令人提携至寝门外,伺声息,夜或至十数次。曾王父每谓府君天性纯挚,非人所能及。夏,王父偕诸叔祖应顺天试,主天门蒋丹林先生家,受业于其子笙陵阁学。比试,王父以算学冠场荐,未第。

九年己丑,六岁

府君出就外傅,从郭公某学。曾王父以忤大吏去官,喜合江西乡地僻,卜别墅居焉。曾王父为府君聘四川桂公翰女。八月,五叔祖玉堂公卒于合江。

十年庚寅,七岁

府君自就外傅,读书日数卜行,诵数过即不忘。曾王父于诸孙中尤爱府君,每谓府君曰:"他日振起家声,余有厚望焉。"府君性凝重,寡言笑,同学及伯叔兄弟之幼者每欲与府君角力,辄走避。伯父君山公与诸人征逐,或变笑为怒,府君出一言即解,以是同学多惮之。

十一年辛卯,八岁

王父应顺天试,再荐再罢。

十二年壬辰,九岁

十三年癸巳,十岁

府君从张公松龄学。张公,王父内弟也。每告王父母曰:"余课徒十余年,未尝见此隽才,所谓天马行空,不能以道里计也。"

十四年甲午,十一岁

王父应顺天试,已批中一百三十八名,主试某相国忽检查他卷,易之改挑誊录。同考官为绍兴王蓉坡先生,深相惋惜。王父于是灰志名场,由誊录议叙,援例改知县。将谒选,闻曾王父旧疾屡作,时伯祖丽堂公官河南,三叔祖玉堂公官江西,王父遂归。十二月,四叔祖母孙宜人卒于合江。

十五年乙未,十二岁

十六年丙申,十三岁

府君诵十三经成。时曾王父闲居将十年,家渐贫,不能延师。府君自督益严,凡经史百家言,莫不旁搜博览。昆弟辈同学者多嬉戏,府君辄不或顾,从后掩目扑地,起诵如故,不与较也。四月,叔祖锦堂公卒于成都。

十七年丁酉,十四岁

府君益纵览经济掌故之学,求舆地沿革、关塞夷险及历代将帅得失胜败之故。尝绘长江图,考订南北形胜。每日加卯即起诵读,夜必至四鼓,倦则以茶拭目,不令睡。或问之,府君曰:"死于安乐,生于忧患,磨练出精神,此言不吾欺也。"不孝等见府君二十余年无一日晏起,中病甚,清晨必强起盥漱。回念音容,不可复作,伤哉伤哉! 四月,曾王父为伯父君山公娶四川方氏。

十八年戊戌,十五岁

八月,曾王父卒于合江。时王父方省墓合州,忽心动,驰还,夜大雨,行四十里抵家,次日即撤瑟。王父水浆不入口者三日。府君见王父哀毁尽礼,益悲恸不食,王父食而后食。曾王父临殁时,顾谓府君曰:"吾一生无不足事,惟不见汝成立为可恨耳。"言迄而瞑。府君于是曰:"吾祖望吾切,吾学若无成,何以对吾祖于地下乎?"乃益肆力于学。

十九年己亥,十六岁

殡曾王父于合州。临渡河大坝,子三叔祖玉堂公自江西奔丧赴合江。

二十年庚子,十七岁

诸叔祖有以曾王父所置产尽典于人者,或劝王父清厘。府君曰:"祖业固宜善守,然事涉争产,恐伤先人心。或者祖宗佑启后嗣,使能光大门闾,恢复旧业,未可知也。此愿能偿,且当广置义田赡一族,岂可因此遽动争端乎?"事遂罢。于是三叔祖玉堂公曰:"是儿志不可量,且知礼,吾辈不能及也。"

二十一年辛丑,十八岁

王父服阕,赴都谒选,遂留都。

二十二年壬寅,十九岁

府君闻英国入寇,中外震动,叹曰:"夷人所争者利耳,我已与之,争利以起衅,又不欲战而遽和,举才臣而弃之,而散其所募慓悍之兵,天其未厌乱乎?"遂欲远游,阅历天下形势。而家益中落,王父又谒选在都,府君摒挡诸务,未能成行。

二十三年癸卯,二十岁

春,府君遂行省伯祖丽堂公于河南。首途时,仅携金八十两,欲措资,赴江西省三叔祖玉堂公,遂游学滨海诸省。既至汴,丽堂公为府君援例入监,命因旧籍就河南试。府君卷备中,同考官李西淮先生极相推许,谓府君器宇不可量,府君亦不以得失介意。报罢后,即渡江而东省玉堂公于永丰官所。玉堂公命读书署中,夜分读书,必至四鼓,择其纲领粘于壁。玉堂公过而誉之,则揭去,日饮酒驰骋郊原,学骑射。或怪之,府君曰:"同学者多誉一人,则怨者众,骑射亦学也。吾以日习骑射,夜观书,间以酒畅其性情,既可安同学心,仍未尝废吾学也。"府君以是精于弹击之艺。王父谒选在都,应顺天试未第。

二十四年甲辰,二十一岁

府君将渡海入都省王父,适王父函谕至,命归娶,遂由江西归蜀。同舟有携重资者,盗十数人尾而行,一日泊舟荒野,十数人者窥伺益急。府君持弓顾谓之曰:"汝辈能弹乎?"曰:"能。"见对岸百步外有大树,府君指之曰:"吾试弹其第几枝,汝辈以中树为程。"言已丸发,所指某枝应弦而折,十数人立色变鸟兽散,明日不见一人矣。十一月,伯祖丽堂公卒于河南。

二十五年乙巳,二十二岁

府君聘桂公翰女卒。

二十六年丙午,二十三岁

府君入四川合江籍应试,复报罢。王父谒选在都,应顺天试未第。九月,三叔祖母王淑人卒于江西。

二十七年丁未,二十四岁

四月,王父选知江苏金山县,谕府君速至任所。府君得书即登程,行近江南溧阳县,将易舟,会有差徭过舟,皆避匿。府君急于省王父,步行四十余里始得舟。时大雪冲寒,行泥潦中,衣履沾濡。后不孝鼎随任黄岩,行天台山中,每日加丑即登舆。不孝鼎颇以为劳。府君举此事诫之曰:"吾跋涉万里,复遇此厄,未尝毫忽受病。今汝不过早起,而畏难若是,其将何以处世乎?"府君至金山见王父,虽困顿数年,而精神犹昔,方以为慰。

二十八年戊申,二十五岁

春,伯父君山公侍曾王母潘太淑人及王母,由四川至金山。夏,府君奉王父命至宜兴,聘吾母赵淑人。外祖厚之公为户部尚书,谥恭毅,申乔公五世孙。先卒时,外祖母方淑人率眷属侨寓宜兴,十一月赘婚甥馆,十二月偕吾母至金山,因闻王母疾,故未逾月而行。

二十九年己酉,二十六岁

二月,府君复偕吾母至宜兴,遂入都,以衡山本籍应顺天试,中式第六十四名。时王父因公挂误,相持方急。初,王父甫抵任,两江陆制军建瀛门下索贿不应,此后公事督幕,无不驳诘者。夏,王父因公晋省典史,擅粜仓谷,以至民哄,王父归,即已安辑。制军缘此诿过王父,解任严案,欲以深文周内。王父挈眷居苏州听勘,府君以是终场驰归,及报至,事少解,犹被议落职。七月,不孝鼎长姊生于赵氏外家。冬,吾母至苏州,府君自苏州入都。

三十年庚戌,二十七岁

府君再至都,曾文正公国藩、周公寿昌以通家子遇府君,亟称府君才,深以王父罢官为枉。既试礼部,犯时忌被黜,批曰:"策问不应揽入时事。"府君慨然曰:"海疆多故,中外粉饰,乱将作矣。"归益著书,有澄清天下之志。江南故尚词章,府君曰:"此末技,不足学也。"益观有用之书,潜心性命之理,合天时人事以求治乱之迹,世道人心之所在,学于是大成。每语不孝等曰:"吾年二十跋涉大江南北,而知天下利病,二十以后返而探原性理,事之成败,人之情伪,如鉴之悬,莫能遁也。无骛外,无局学,如是而已。"呜呼!以府君之学之才,而仅以末秩终也,悲哉!是年六月,广西逆民洪秀全倡乱于桂平。

咸丰元年辛亥,二十八岁

府君侍王父居苏州,日用浩繁,度支不给,吴县令黄公某延请阅书院卷,以束修佐家用。四月,不孝鼎仲姊生于苏州。伯父君山公始得痼疾,伯父子三女二,婚嫁教育皆府君任之,至兄辈成立,各为纳级指省,自后二十余年始离府君云。

二年壬子,二十九岁

府君至都应礼部试,再罢归。偕吾母至常州,时外祖家迁居常州故也。六月,不孝鼎叔姊生于常州。王父因蜀道阻远,去衡山又已数世,两地皆不能归,苏州省会非家居所宜,意欲侨徙常州。命伯父君山公至常卜宅,无所当意,事遂罢。是年粤贼由广西窜两湖而东。

三年癸丑,三十岁

府君因王父患鼻衄病甚,不欲应试。二月,王父病愈,命即速装。时贼方陷安庆,舳舻蔽江,传言江宁失守,南徐瓜步皆有贼踪。王父命由沪附沙船航海北上,遇飓风,舟几没。三月抵都,试期已过,遂留都。九月,以知县拣发浙江,由清淮而南。时贼方蹂躏江南北,王父避居嘉善之西塘乡,吾母居常州之北新桥,府君俱未知也。既渡江,遇旧仆,乃便道至北新桥,偕吾母赴西塘省王父母。十一月,府君抵浙,委铸钱局差,兼发审。先是府君留京邸时,王父帮办紫金山大营粮台,台勇猝变,王父护持文卷,且令人从帐后出饷银万余。至是叙功,复原官,加道衔。是年二月,贼陷江宁,江南军御贼金陵,浙江军御贼皖南。贼分扰晋豫燕赵,京师戒严。

四年甲寅,三十一岁

春,府君迎曾王母、王父母至浙。七月,以发审局结案最,檄署富阳。富阳为杭严冲。贼既踞江皖,出没池太休祁间,皖南遂为浙西重蔽,归浙节制,每征调必经富阳统将。驭下宽纵,为民害,府君发禀揭之,继至者相约不敢扰。府君每曰:"皖南诸将老于行间,而贼来不战,贼去不追,其气已为贼夺,防可恃乎?"后卒如府君言。八月,不孝鼎生于杭州。九月,吾母侍曾王母、王父母至富阳。王父素遇府君严,虽及壮仕,声色犹厉,外内事府君皆请训而行。姑母最得王父母欢,府君亲爱益挚,不忍少拂。自至富阳,凡所喜衣饰,购制必备。曰:"父母所爱亦爱之,吾不忍拂吾妹,即不忍拂吾亲也。"

五年乙卯,三十二岁

富阳频遭水患,禾稼尽没,乃诣省求免春征,不允。府君在省时谒杭州守,会有发审局员讯盗于庭。时初春,方严寒,褫其衣而倒悬之,以短槌遍击其身,不得实,盖讯已一日夜矣。杭州守王壮愍公有龄,委府君同讯。府君乃取衣加其身曰:"盍速供,可免刑,死固难逃也。"盗曰:"今公问,我辈当实供,否则宁死无一言。"案遂结。富阳有富民获窃犯而笞杀之者,府君以罪人不拒捕而擅杀律论。富民纳贿求去不字,府君不允,富民讼于都察院,府君卒援例正其罪。四月,曾王母、王父母卒至苏州。七月,不孝鼎弟佛龄生于富阳。十月,王父至富阳。是年三月,浙军克贼,皖南徽州肃清。四月,河北贼平,京师解严。

六年丙辰,三十三岁

府君抵任年余,屡结疑案,大吏皆称府君才学兼优。杭州守王壮愍公因发审无人,遂欲调省差委。适府君正禁私盐,初有纲领,暂缓离任。二月,不孝鼎弟佛龄殇。三月,姑母卒于富阳。五月,王父至苏州。七月,不孝鼎弟佛印生,数日殇。吾母至杭州。先是外祖母病,府君迎至富阳调治,既而少痊,从吾母至杭,病复剧,卒于途。八月,卸富阳县事,委发审差。王壮愍公问治狱之道,府君曰:"狱不中深求,愈求则愈深,要在得当而止,非从宽,乃适中耳。"公然之,以府君言禀大府,通饬各属。是月,迎养曾王母、王父母至杭州。是年三月贼陷宁国,浙防戒严。五月,江南大营溃,退保丹阳。十月,浙军克宁国。

七年丁巳,三十四岁

春,以富阳捕盗功,保补用同知。五月,曾王母卒于杭州。六月,王母患怔忡,终夜不能寝,府君祷于大士前,适得白莲一柄置瓶中,将以卜也。次日早起,花放瓣,晚复合,明日亦如之,如是三月余。瓣脱结实大如碗,持奉王母,食之而愈。自此益奉佛,每日盥漱迄,必默祝,为王母祈祷,数十年如一日。从前星相虑王母寿促,后乃逾七十余,皆府君纯孝有以延之也。府君观《内典》,必以性理参之,凡《雍正语录》及各宗派言禅之书,莫不究其深义,归之于圣贤中庸之道。每曰:"扫除物欲,启牖良知,《内典》等书助予不少也。"八月,五叔祖母李孺人卒于四川。十月,伯母方孺人卒于杭州。十一月,不孝鼎仲弟宝书生于杭州。是年二月,江西皖南贼窥浙西,浙军败之于徽境。

八年戊午,三十五岁

五(年)[月],府君补安吉,吾母侍王母至苏州。七月至安吉任。安吉民欠十万,奉檄严催。府君曰:"安吉咫尺贼踪,水潦在前,敲朴在后,民力不及,速为贼也。"七禀罢之。一时孝丰、长兴等处民欠,皆因府君言檄令缓征。安吉人习于赌,府君出示:有子弟赌博亏本者,准其父兄告理,即拘得钱者追还,且以开赌引诱良家律论。遂革其风。八月吾母至安吉,九月迎养王父于苏州。十二月,不孝鼎四姊生于安吉。是年二月,贼由江西入浙界,扰衢、处、金三府。五月,贼扰福建。七月浙境肃清,浙军援闽。

九年己未,三十六岁

二月,王父见皖南烽火日逼,遂至苏州,与三叔祖玉堂公同寓网师园。安吉与横溪河接壤,为宁国入浙门户。县无城防无兵也,专恃宁国。宁国将周天受素无驭军才,浙饷又不继,以是士卒解体。大吏因江皖之贼一图由徽入严,再由江西扰金衢,谓贼必由上游进,于是专顾徽衢之防,置广德一路于不问。府君谓以当时形势言之,正兵出衢严,奇兵出广德,贼中知兵者多,深可寒心。其初怵浙中虚声,又不谙路径,故未敢深犯。及江南既就,浙闱试士麇集,关隘不能稽查,觇者乘间入,我之虚实已尽知之。且贼志在子女玉帛,一入广德,左右皆富庶之区,即可纵击杭嘉,窥伺苏常。宁国将士自守不暇,湖州绅团更难兼顾,弃咽喉而不守,是以东南半壁委于贼也。上书请筑安吉城,募兵守广德,为宁国声援。不报。江南军既败,江浦贼进军围江宁。府君谓贼必谋扰浙,分江南军势,再申前说,请募重兵分扼百丈关、独松关、泗安、东亭湖等处遏拒贼冲,以专江南进攻之力,使无旁顾之忧。又不报。乃散家财,集团练,得数百人,请兵器。又不报,而贼遂于庚申正月由南陵疾扫宁国一路,而江浙大势去矣。是年十一月,江南军叠破江浦贼垒。

十年庚申,三十七岁

正月,府君闻江南军克九洑州,探知贼伪忠王李秀成、伪侍王李世贤及吴廷彩、陈炳文、谭孝先、陈坤书、李尚扬诸贼,由六合渡江,集芜湖,谋扰浙,以分官军之势,而纾江宁之围。知事已急,复请兵防广德一带口隘,而贼已于二十五日陷泾县,皖南震动。周天受军溃,大吏始遣提督李定泰率二千人由水路往,沿途复滋扰不进。赵公景贤办团练于湖州,闻府君屡进扼守广德之策,檄府君计事,时已二月初矣。府君驰至湖州,入见赵公曰:"贼游骑已入浙境,事迫不可终日,若失广德,浙事不堪问矣。李军沿途逗留,而有畏难之意,恐不能达。请拨团练精兵数百人,择将将之,往广德迎击。贼势虽锐,探知不过二三千人,其意止欲扰浙,非欲据浙。若得敢死士遏挫其锋,将复回窜,然后驻兵广德,与宁国椅角而守,庶可固宁国朝夕之防,延浙省顷刻之命。"赵公壮府君言,而重难其事,游移未决,广德遂陷,李定泰军败。府君疾驰回,由贼已由东亭湖窜扰安吉,不得入。赴乡集团练,初九日败贼梅溪,歼其酋,即日克县城。以失守故落职,留本任。贼窜宁国,府君截击败之,追至广德又败之。三月二十八日,会同总兵熊天喜克复州城。王壮愍公既抚浙,素知府君,遂特保复职,题调乌程,檄入幕办理文案。闰三月,赵公景贤复檄帮办团练,遂至湖州。时尚未知家属踪迹也。当赵公檄至湖州计事,时绅士毛某等曰:"邑君驰驱民事,不遑谋家,昔吾邑民欠十万,邑君七禀罢之,民之有室家,皆邑君赐也,宜护其家属出避。"时不孝鼎方七岁,不孝蕭以正月生县署方二十日,吾母因寇信迫,携不孝等出居梅溪,土寇有窥伺者,皆赖毛绅等左右卫护。居梅溪一日,即赴水渎。既于三月迎王父母自苏至上海,复率不孝等至湖州,始与府君遇。府君既屡画策不用,当道方忌才乐攻击,而王父母已年迈,将退隐衡山,以终事王父母,不复与闻天下事,乃请假至上海省亲,将遂求终养。既至上海,王父母欲至绍兴暂息奔驰,即由江西回湖南,命府君先由海道自宁波至绍兴,部署居舍。船至重洋,舵折漂没,合船震哭,府君神色自若,祷于神。越夕舵复至,乃得渡。五月至绍兴,府君复至杭州迎曾王母、潘太淑人及伯母方孺人之枢。六月,王父母至绍兴。八月,府君侍王父母赴兰溪,将归衡山。大吏檄赴衢防,差遣军事,不能辞。王父母遂奉曾王母枢,并携伯母枢归湖南。府君至衢州,吾母率不孝等从。是年二月,贼由广德入浙,遂陷杭州。三月,江南军克杭州。闰三月,浙境肃清,江南大营溃。四月,贼陷苏州,自苏州入浙,陷嘉兴,扰及余杭、富阳等处。

十一年辛酉,三十八岁

贼李秀成、李世贤复窜江西,经左京堂屡破之于乐平等处。府君谓贼不踞城,日惟掠人益其众,势必回窜,宜募湘勇,自成一军。且患省城谷少,宜有以聚之,并于通江内外夹筑土城,属江便扼守,以护运道。当道皆不从,仅以空札檄赴江西采米。贼果窜回,陷龙游、汤溪、金华、兰溪诸县,而杭衢陆路梗矣。夏,府君至江西,途遇新调浙江布政使林福祥由江西进,闻府君至,檄理文案,随至衢州。林由弋阳募定武军三千,同知陈大力新湘勇一千,知县张振新新宝勇二千,先后至衢。时龙游虽无贼踞,杭衢陆路已断,城中防兵多贷食民间,新军至者无所得饷,主客将势如水火。林自携重资,府君谓宜散财以犒军,并收两道,张左右翼。从龙游水陆俱进,攻兰溪,而衢防出军攻汤溪,则贼势分,而下游之祸亦纾。然后以重兵攻金华,期于必克,调重兵守之。公则驻严州以御徽宁贼,为富阳、萧山声援,贼不能骋志上游杭湖自可固守。左公方扫荡江皖,援后既集,浙事可图矣。若专顾会垣,同入囊口,失用武地,且两败。又曰嘉、湖,宁绍根也,饷源所出也;衢严节也,所以通江皖也;温台处叶也,边围之外障也。以形势言之,金华据全浙心腹,而亦浙西所视为安危者也。自嘉兴失守,湖州蔽贼,比于睢阳,日不暇给,至于今春,浙沪隔绝,衢、处被扰,金华告陷,于是全浙震动,有岌岌不可终日之势。而公但求入杭州,置形胜于不问,万一严绍不守,杭湖独立,从何设险? 公奉命救杭州,非奉命守杭州也。反复言之,卒不听,遂力辞文案。檄留衢防,不数旬而杭州以食尽陷矣。八月,忠侍二逆由江西窜浙,众二十万。九月朔,攻衢州,衢州当事者议弃城陷贼而复围之,意实欲委城遁避贼锋也。府君曰:"衢州扼上游门户,贼曾围九旬而未下者,正以金严完固未能合围故耳。今龙游以下雄城坚垒先后不守,贼复位并力衢州,方将尽吞上游,肆志杭绍。今若委而去之,贼势联络,攻之实难,他日进军路断,必贻后悔。且衢州兵力较厚,饷精颇足,民间狃于戊午围城之役,人心尚固。贼将虽争形势,贼众止于争货财,衢州贫瘠,必不力攻。左公正在扫荡饶广之贼,贼有腹背受击之虞,以逸待劳,必不能久顿坚城下也。"议者语塞,遂婴城守。亲兵有欲护送不孝鼎出避者,府君曰:"知己知彼,不足与等言,尔等识之:贼必不能陷衢州,若欲出城,则陷贼矣。"当时士民避贼城外者,皆不免杀戮焚掠之惨,而衢城卒无恙。府君巡视城垣,严督守者八日未返舍,贼终不得志,遂解围去。府君曰:"贼必直窜杭绍,虑杭绍之有外援也。必挟龙游之贼以行,急出队蹑其后,径攻龙游,城可复也,迟则将复据之。"防帅李定泰数日而后行,龙游城一日夜无人守,比李军抵金华,贼已调他贼至矣。府君自贼攻衢州至解围日,犯霜露策骑巡城,积劳过甚。贼既退,即至江山李次青先生营,请发兵会同衢防收复金严。李公不允。归途值大雪,堕骑下,于是痔疾大发,两月方愈,元气遂亏。自后历二十年遇劳即发,迨及去秋间,以他疾阴阳皆损,病日甚,遂不能起,皆由力守衢州之故。当是时,浙东西诸郡悉沦没,独衢州不下,为平浙进军之地,虽曰天数,不得谓非府君之功也。府君著《论兵近言》且万言,皆切中时政,上曾文正公国藩,或中道阻之不得达。府君每条陈时事,辄不留稿,曰今世忌才者多,或知某策出某人,非惟黜其人,并黜其言矣。既闻左爵相宗棠抚浙之命,喜曰:"天下从此定矣。江皖之贼曾李诸公自能辨之,所虑惟浙江一路,左公善用人,审地势,贼能敌乎?"于是绝口不言兵。是月不孝鼎五妹生,数日病,正贼围城时也。十二月,不孝鼎仲弟宝书殇于衢州。府君奉衢防檄至江西采米,以衢州烽烟四至,恐有警,眷属或误投不测,遂挈眷而行。大风雪至江山不能进,时已除夕,借寓江山令阳湖崔公某署中度岁。是年三月,贼扰浙右,金华失守。四月温处失守,处州旋克旋陷。五月严州失守。九月贼围衢州,绍兴失守。十一月,贼陷杭、台、宁三郡。

同治元年壬戌,三十九岁

正月府君至江西。时湖南李公桓为江西布政使,雅重府君,每进见,谈辄移时。光绪丁丑以后李公至浙,流连湖山泉石间,府君每共抵掌论时事,或相与酬唱。呜呼!府君数十年无征逐交,惟一二雄于文者能与府君游,一二雄于才者能知府君才,天道茫茫,知音不偶,以至白首下吏,未能展一日之长也,悲哉!府君在江西,与四川李公士棻善,一日与李公及高碧楣同饮,李公谓作文难,高谓作人难,论辩不已。府君解之,后告人曰:"扬抑屈宋,作文本亦不易;步趋贤圣,作人何尝不难。特作人之难,视其出于何途耳。芋仙才而狂,不计毁誉,碧楣才而炫,专计毁誉。虽然,芋仙其能免乎?"后李公卒得罪大吏罢官,如府君言。五月再奉广信粮台钟公世桢檄,往湖南制造军械。六月至湖南,居长沙,吾母及不孝等从。九月,湖南道员王公加敏督办浙捐,檄府君襄办捐务。时楚绅张公自牧方办黔捐,网罗豪富,王公不能与之争。府君广为招徕，稍有成效。十月请假至衡山，省王父母。见王父精神渐衰，将告终养，王父以府君正在强仕之年不允。十二月至长沙。是年五月湖州失守，全浙沦没，惟衢城独完。官军进逼江宁，贼分扰关陇黔蜀，西陲寇氛大炽。闰八月，官军由衢州进剿龙游等处。

二年癸亥，四十岁

六月，衢州设立粮台，王公加敏由湖南奏调入浙，总司其事。府君留居长沙，仍办浙捐，日与邓公葆之、何公应祺、王公闿运、曹公耀湘吟咏，以著述证得失。府君每谓何公曰："镜海纵横排决，必得志戎役，恐即以此见弃耳。"后何公从军积功至道员，署赣南道，月余而罢。府君观人必于其微，常因人言行以决其际遇，毫忽不爽，藻鉴明审多类此。是年十一月，官军克复苏州。十二月，官军自富阳、余杭进攻杭州。

三年甲子，四十一岁

比年府君往来衡湘间，获遂瞻依，每欲乞养以归。屡请命，王父皆不许。夏，王父谓府君曰："浙捐无多成效，宜至浙销差，留省效力。我与汝母尚无恙，汝第勉力从公，俟江路肃清，当就养于浙。"府君犹眷恋，王父严促之行，不得已遂起程，九月至浙。初，府君与薛公时雨、冯公誉聪、许公瑶光交最善，至是赖数公维持之。浙抚今爵相左公以善后度支告细，奏开米捐，委员分地劝办。委府君办德清米捐，到局后致冯公誉聪书曰："浙西财赋，擅美东南，迨经横酷，强半凋瘵。前者奉檄劝办米捐，自抵临溪，坚持定见，以为民力可至而故为宽缓即是罔上，民心不愿而稍从苛刻即是厉民，始事之难，智尽能索。赖风气素醇，贤士大夫复相提挈，匝月以来差觉流畅，前后捐洋四万余元。"盖当时议者欲以民力不及禀请宽缓，而以征数肥己，府君不允，则欲以苛刻从事，又不允，故书中及之。府君莅事以来，民输而不怨，事速而易集，吏胥不能舞弊。自秋至冬捐至四五万，大吏欲檄任乌程事，而难于德清瓜代之人，乃议迟至撤局再与札委。十一月，遣人迎养王父母及吾母，于湖南致邓公葆之书曰："间学为雕虫小技，于无可消遣中强求消遣，则又结习最深，屡惩莫改。不谓赞许优异，伯帅且有文阵雄师之誉，辄复沾沾自喜，破涕为笑。观此则当时之抑塞潦倒益可知矣。"府君在德清,公余延揽文士唱酬论难,殆无虚日。杭州教授闻人先生云岚,古质君子也,尝谓府君曰:"曩岁见君同年施北林部曹,平生慎许与,余固问之曰:子之外天下遂无才乎?施沉思良久曰:有同年生某某者,尝遇之山左道中,非独能文章,其言论实町见之施行。以余所知,抱经济略者,殆其人矣。"盖谓府君也。是年二月,官军克复杭州。六月,官军克复江宁。八月,浙江肃清。九月,获淇福瑱于石城,粤贼平。

四年乙丑,四十二岁

正月,王父卒于衡山。三月讣至,府君恸甚,水浆不入口者五日,哭至不能出声。强扶病就道,于五月奔丧至衡山。会王母因霆军兵变,湖南戒严,命厝王侚地大石岭。已先于五月率吾母及不孝等徙居江宁。先是王父既殁,伯父君山公及从兄辈眷属数十人,皆依府君居,而从兄嘉绩幼从府君学,于诸侄中待之最厚,为图湘省局差,得黔捐文案。及王母将至江南,因府君益贫乏,乃命从兄传礼、传义侍伯父服官蜀省,而令从兄嘉绩偕眷东下。从兄嘉绩虑远离湘省,即脱局差,卒不肯行。王母长途劳顿,旧疾大作,府君至衡山叩瞻殡宫后闻王母病,即驰至江宁省视。

五年丙寅,四十三岁

正月,欧阳公兆熊督办扬州盐局,聘府君同行商确局务。府君转侧兵间流离颠沛者七年,典质皆空,家仅四壁,思得束脩以为养,遂侍王母至扬州。时扬州当道惑于小人言,将与国家争利,欧阳公不能以口舌屈,所有文移皆府君主稿。平情准理,一再论难,当道者终不能逞其私。欧阳公将赠盐二票,府君曰:"吾宁典货供甘旨,不敢受苟且之财。"力辞之。四月,伯祖母米孺人卒于四川。五月扬州局撤,王母因王父前尝欲于常州择居,遂率吾母及不孝等徙居常州。六月府君至衡山,殡王父于大石岭竹鸡峰,殡曾王母于大石岭左,并殡伯母方孺人。府君支草庐居王父墓侧,日在风露中者且十旬。十一月,不孝鼎六妹生于常州。

六年丁卯,四十四岁

夏,府君服阕,当赴部谒选,恐签掣远省,不能迎养王母,乃再至浙。时浙抚为马制军新诒,檄办绍兴丝捐,兼发审差外县有以盗解府者。府君视之不类,检其供则称某夜由后门入,劫去某物,照供讯之无异辞。府君曰:"汝何故劫抢?"犯始呼冤,曰:"我实窃也,驳县贯其罪。"盖窃、劫音相似,故犯为之愚。县中有盗案执行窃者,诬之也。秋,马公奉命总制浙闽,欲奏调府君至福建。府君以福建离江苏远,王母不能往,力辞之。卜二月,三姊婿周国涂病卒于常州寓馆,周子为从母婿周韬甫先生次子,早孤。是年府君招至,与不孝鼎同砚席。及卒,三姊守志,誓不再字。

七年戊辰,四十五岁

春,府君奉檄奏留海塘,差遣委文案。时海塘差以采办塘木为最优,或劝图之。府君曰:"秉正而行,所领价不足办中程之材。予家贫,不堪为国事受累,若欲减克民价,复以小木浮销大木,海塘为百万生灵所倚,吾不敢以损国损民之差为优,吾何图焉?"夏,府君在海塘劳瘁寒湿,遂患温糖,误投附子,致壮热不退,几至不测。遇名医王寿芝而愈。七月,不孝鼎侍吾母至杭州省府君疾,府君已少痊。八月,不孝鼎患病亟,吾母率不孝鼎还常州。十一月,吾母复侍王母,率不孝等至杭州。

八年己巳,四十六岁

府君在海塘差次,因久离王母膝下,每五日一归省。府君暇辄与杭州谭公献、山东于公实之相吟咏。尝与于公赋雪联句,一漏至五十余韵,赋牡丹至数十首。海塘督办陈公一璓及于公皆相踵和。复命不孝鼎赋八首,于公亟称之。府君喜甚,为不孝鼎改易数句,中有"一片朱栏特地长"之语,因指为不孝鼎曰:"吾见汝是诗笔颇清丽,当是近日进境,故改此言以志喜。"府君望不孝等成材,盖无日不在心目中也。十数年来,音容顿杳,悲哉!四月,不孝等伯姊仲姊同日完姻,婿为阳湖赵实、张肇纶,皆来赘寓馆。五月,两姊随婿归其家。府君于诸女中惟伯姊最钟爱,自伯姊行后,为之不欢者累日。十一月不孝韬生于杭州。

九年庚午,四十七岁

府君以不孝鼎师仅责以帖括之学,命不孝鼎当于经史中致力,曰:"读书所以涵养性情,开扩心胸,非仅为应试设也。"命投卷诂经精舍及敷文书院,曰:"书院乃国家作育人才之地,不必限以畛域,且学问之道,非与众较,不能自知其短长,汝不得以名次在后旷其课。"每课卷至,府君必为讲解各题深义,夜必俟缮卷成,取阅之,始就枕。自此十余年,不孝等诗文府君手批者为多。不孝鼎尝学填词,府君戒之曰:"帖括已为末学,特功令所在,不得不求其精。诗余则末中之末,若专心于此,必当刻画风月,规矩宫商,颇妨经史正艺,不足学也。"府君教不孝等务长其才识,每以远到期之,乃仅见不孝鼎成立而遽长逝也,呜呼痛哉!九月,不孝鼎娶武进李公嘉笙女于常熟。十月率妇至杭州。

十年辛未,四十八岁

府君在海塘差次,同堂伯叔中有将道光二十年典质曾王父所置产概取价卖绝与人者,且并祭田亦去之。信至浙,值曾王父忌辰,府君流涕曰:"余以家贫糊口于四方,春秋伏腊不能一扫蜀中祖墓,既违幼年恢复祖业之心,并祭田亦不能保。祖宗创业惟艰,一旦荡尽,子孙之罪也。"于是欲至四川省墓,而王母年已七十,复多病依恋膝下。不孝辈皆年幼不能使之远方。终日郁郁不乐,以文酒自遣,或中夜起太息,悒怏无聊辄以诗思乱之,以是心血益耗矣。

十一年壬申,四十九岁

府君橐笔客游,于今又七年矣,终以客员格于成例,不能任县事。局员薪俸仅足奉甘旨,家用则借贷给之,并筹不孝鼎及两姊婚嫁,积累益多,心力益瘁。太息,谓昔当壮年,深自期许以天下为己任,及试令于浙,复值粤贼抢攘之际,思欲立功名,少济时艰,乃一再策谋,终不见用。庚申以后潦倒一差,辛苦艰难备尝之矣。至于王父弃世,王母年迈,而家益中落。若终以客员在浙,何能博廉俸以供菽水,非特生平学问垂老不用,并不能造福一城,为可嗟也。于是纳赀请分省浙江,辞海塘差。将引见,浙抚杨公昌濬檄府君纂修《平浙纪略》,留府君暂缓入都。总办某公尽以采访著采访之事诿府君,自春至夏,无日不至三鼓,虽盛署,日挥汗,夜驱蚊,不停笔。六月书成,共十六卷,即发浙江书局梓行。中有论事,称或者云何,皆府当时所画策。府君不欲自留名,而当时大局所关,不可不引证以为纲领,故书之如此。书成后,奉檄委解票饷入都,府君由上海附轮船行。不孝鼎从至上海,行金山道中,府君恋恋不欲前,感伤累日。时武进刘公瀚清筹办幼童出洋事,设局上海,府君与之厚,至即访之,纵谈时事诗文,辄移时一日。不孝鼎侍侧,略跛倚府君,曰:"尊长在前,汝怠惰若是,岂业儒者乎?"呜呼! 府君遇不孝等极爱惜,而一涉非礼即严责之,盖望不孝等成材之心无日不切如是也。表兄周子世徵,从母婿周公腾虎长子也,办陕捐在上海,沉酣酒色,中途穷不返,将丧其身。刘公以父执心悯之,而不能责。言之府君,府君立招之来,使人绝所爱者,而以三十金助其行,命至易州赵惠甫舅氏处读书,日挟与同渡海。周子度不能脱,用随府君行。时府君携川资仅百金,而急人之急若此。府君性好推解廉俸之余,即以瞻给亲族,生平未尝计家人生产,每举刘先主答许汜之言,语不孝等,以谓求田问舍,终非用世才也。七月引见出都,始编次所著诗,择其尤经意者都为一卷付梓,成为《知非斋初集》,并刻《知非斋经义》一卷。八月檄署嘉善县事。嘉善人习于(睹)[赌],不肖绅主之上海,倡家复相率至,风俗竞为浮夸。邑绅已革盐运使某公,以阅历之才佐其作奸犯科之用,地方公事相与把持,前令因此力求交卸。府君二十年前曾与某公酬倡数次,下车则以文字笼络之,迹少敛。乃严禁(睹)[赌]博,从巨室始,访上海伎答之。不半年,风俗大变。府君与黎乔松先生书,曰"承乏魏塘,瞬将一月。此间书差疲玩,盗贼纵横,捕役五名不堪驱使。现为规复经费,先设巡船连络娄县干捕,加悬重赏,钱绅赌局先移避乡间,近已闭歇"云云。观此则当时措置可知矣。嘉兴守许公谣光,府君故友也,能任府君行其志。及许公引见入都,府君调帝进省,一年苦心孤诣所行之善政,皆复故常矣。九月,吾母率不孝等侍王母至嘉善。十月,伯父君山公讣至,知以正月卒于四川。府君手足惟伯父及姑母,姑母未嫁而卒,伯父又得痼疾终其身。府君居常感怆,至是益悲怆,欲慰王母心,强为欢颜以解之。恒忽忽不乐,或终日枯坐,从此欢愉之境日少一日矣。

十二年癸酉,五十岁

夏天大旱,府君不忍催科,贷富贾五千金缴民欠。四月,命不孝鼎入都应顺天试。七月,调帘进省,吾母率不孝鼒等侍王母至嘉兴。八月,府君入闱调内帘,得士多宿儒力学者,房首来谒已四十余矣,荐卷中亦强半为知名士。九月,不孝鼎自都南返,府君已出闱,见不孝鼎文,谓当荐而不售。旋即报罢领落卷出,则固荐而未中也。是月,府君闻王母疾,请假至嘉兴,至则王母已愈,而省檄适至,委署黄岩。黄岩滨东海,在众山中,离省远,水陆数易舟车。王母不欲至任所,吾母及不孝鼎等侍王母仍居嘉兴。府君遂行,不孝鼎从。十月至黄岩,邑境多盗,易杀人,月数至。府君莅任,廉知前任于寻常讼事多不理,黄岩民素负气,官不为理或理不得其平,则私斗而杀之,官辄以访闻盗杀人报,实非真情也。府君始下车,未三月,结未了旧案数百宗。有争拜庙上香先后不服约日械斗者,府君探知其期,于五鼓单骑往,则各已约众将斗,立传入庙。两造见府君简舆从,知无逐捕意,即随行。府君先礼佛,命两造至,谕之曰:"汝等欲先上香,将以求福也,乃因此起衅相斗,设有杀伤,是未得福而反得祸,与当时礼佛之愿不相刺谬乎?不如即解散,立约上香,以至庙先后为序,同时至则尚齿传庙祝及乡耆老,使著于令。"斗者语塞而散,卒不伤一人而事平。前令将行,告人曰:"陈君长者,恐不能治岩邑。"府君曰:"以杀止杀,悉当其罪,犹不可况滥刑乎?吾以清正感之,习俗自可化。前令以军政从事,非理民之道也。"府君竟以不杀治黄岩,而真盗亦敛其踪。

十三年甲戌,五十一岁

春,府君以王母旧疾时作,恳求交卸,不允。命不孝鼎至嘉兴省视。三月,浙抚杨公昌濬阅兵至黄岩,府君复面求去任,杨公慰留再三。府君因梦兆不祥,日夜忧虑。不孝鼎既至嘉兴,侍王母至常州。王母病少愈,命不孝鼎曰:"汝可速至黄岩,面陈病状,可以少慰汝父心。"不孝鼎遂行,于五月初至黄岩,而王母已于四月卒于常州。讣书先至,府君号恸屡绝,谓自乙丑遭大事,孤露人间,久不欲生,特以萱堂年迈,强为欢笑,以解亲忧。乃至今十年,贫乏益甚,所以系恋一官者,固欲少求禄养,博堂上欢。而今已矣。于是心神交丧,几欲弃绝身世。府君屡经丧乱,频年奔走,精力虽困,精神不衰。自王父殁后,意兴渐颓,每喟叹终日。至是再丁大故,未及一年,须发尽白矣。成服后即率不孝鼎奔丧至常州。时台湾警报屡至，海防急，杨公昌濬闻府君在常州持服，檄以墨经理洋务。九月入浙抚幕，痔疾大发，三月而后愈。不孝鼎至杭省视，见府君气日益衰，固已忧之，不谓府君支持六七年竟不得复元而长逝也。陈述涯略，寸肠欲裂，濡墨洒血，不忍卒书，伤哉伤哉！

光绪元年乙亥，五十二岁

正月，府君请假还常州，扶王母柩至杭省，遵王母遗言，于三月暂殡于西湖天马山之鸡笼峰，仍留浙抚幕。不孝鼐至杭读书节署，随侍府君。府君口授指画，昕夕不辍，不孝鼐始于文辞理解稍清。七月，命不孝鼎、鼐入都应顺天试，报罢。九月自都还，不孝鼎至杭，府君使学为骈偶文，授以《徐孝穆集》。曰："骈文以徐、庾为宗，庾文疏朗悦心目，然学之不当，适落纤巧；徐文则沉博缜密兼而有之，汝慎毋忽。"府君自入浙抚幕，凡洋务折奏、文移函札，皆府君主稿，多所谋画。以事关机密，外人不能详也。冬，天台民变，大吏调省兵将往剿，文牍皆府君主之。府君谓天台令催科不善，民不服，又急捕械斗者，遂激变，以致伤官劫署。其曲在官不在民，不宜剿，宜谕令该民人等缚送为首者即可了事，遂严札官军不得越此办理。复致台州守某公书曰："顷抚军言及天台一案，在乡愚无知，因见案情重大，妄意官军不分玉石，希图抗拒自全，聚众不散，势所难免。此时办法应急脉缓受，但只捕犯，不必纵火焚屋，恐有波累，亦以杜其藉口。总要该乡完纳钱粮，乌合自然解散，犯亦易获等因。昨闻天台通东阳路桥已被折断，虽系谣传，亦见其实有畏惧官军抄袭之意，应请与成梓臣司马斟酌，缓急办理。如有不便上陈者，即示知转达，亦可稍纾廑念也。"天台民初有负嵎势，后闻此信，乃相率解戈。十一月，府君注《大学》成，分章为五，从古本也。府君言性理，不分门户，合程朱王陆参订之。十二月，命不孝鼎至常州。

二年丙子，五十三岁

三月，府君以不孝鼎三姊守贞志决，不能强，乃命归其婿家。四月，命不孝鼎应顺天试。秋，府君服阕，浙抚给咨府君回籍起服，命不孝鼐随行，应本省试。府君至衡山省墓，不孝鼐报罢，府君率之东返。

时不孝鼎中式北闱,留寓京邸。府君诚勉再三,谓既获一第,不可少涉骄矜,京都繁华甲天下,今将留居,止宜闭户读书,不得冶游废业,更不得訾议涉祸。府君于不孝等应试,必谆谆诲诫,示以准绳,而于此尤切。盖府君望子成材,非仅为科名计,必以远者大者期之。十月,府君复需次杭州,委勷办牙厘总局差。

三年丁丑,五十四岁

　　春,浙抚杨公昌濬罢,卫公荣光以浙江布政使护巡抚事,复委君洋务差,准倍速支薪水。卫公极称府君才,凡文檄出府君手者,不增减一字;亲故或以文章求卫公者,皆府君代为之。不孝鼎应礼部试报罢。五月至杭州省视,见府君日治文檄至数十宗,即精神疲困亦强起为之,固忧府君之渐形衰飒也。呜呼!此皆不孝等侍奉无状,不能早自成立分府君忧,以至衰病浮沉宦海,不得一日休息,竟以积劳致疾不复起。不孝有心,其何以弭此伤痛耶!秋,浙抚梅公启照至浙,仍檄办洋务。府君命不孝鼎至常接吾母赵淑人。十二月,吾母率不孝等至杭州,布政使卫公特补府君兰溪。十二月,不孝鼎四妹婿阳湖沈秉衡至浙,赘婚于寓馆。

四年戊寅,五十五岁

　　府君在浙抚幕凡五年,与同幕庄公士敏、杨公遁阿及汪小蓬先生善,以小友视汪子学瀚、徐子琪,余以征逐交者悉远之。府君嫉恶严,非礼之言不得入于侧,无事终日正襟危坐,事至则顷刻决之。不孝等尝见日挥数十函,理数十案牍,未尝示倦容,而府君之精神因此益耗矣。四月,不孝鼎四妹随婿归其家。七月,奉檄至兰溪任事,甫下车即访,革书差之虎而冠者数人。邑多火患,府君立救火条约,使民实力行之,患遂止。兰溪士民朴野,夏间多衣短衣行于道,词章之学寂然无闻。府君访其士之慧者,使与不孝等为文课,上等者奖之,朔望书院必优其奖赏。唐公壬森以副都乞休,主讲书院,有古大儒风,能广府君之意,相率以礼义陶淑之。于是竞弃其习俗,渐成为衣冠文物之邦。凡府君所至之地,以昌明文教为先,次则采访肯义表彰之。晨起理事,日昃犹坐厅事治狱,讼呈入即予断结。以是差役不能舞弊,严惩讼棍,禁革传呈。每曰:"愚民不忍,小愤相与成讼,事后未有不悔者。命盗案自有减呈，此外小事又有期呈，呈而曰传，不知其义何取？朝廷设期呈名目，本因闾里乡党间易怨亦易释，以期限之，即弭讼之道。若设传呈，一有不平，片纸已入，是长讼也。既已长民之讼，又悬而不结，徒饱吏胥之囊，而邀苟且之名，安在其为民父母也？"凡演夜剧必严惩之，设立保甲，先查茶烟各馆。每谓宵小窃发皆由于此。饬巡典属吏，整顿捕务，分设巡船以继捕役耳目，捕费皆捐廉与之。以是历任岩邑不半年，而无不平治者。府君既任兰溪，因频年山陕大旱，各直省筹办赈款，先后在兰溪捐数千金，复捐廉足之。汇案咨部，于五年秋奖给三品封典。

五年己卯，五十六岁

春，府君痔发，两月方愈。虽极剧时，遇呼冤者，必扶病出，反复推问不惮劳。时任公道镕为浙藩，以阖属月报之案，惟府君结案为最。三月檄调鄞县。四月，命不孝鼐入都应顺天试。府君因公晋会垣，困于暑，病甚，不孝鼎至杭肖视。五月，侍府君返兰溪，病渐愈，后复转疟。六月朔，因天旱设坛，府君扶病出祷跪拜。烈日中虽极困顿，不辍。不孝等力劝休息，府君曰："一邑生灵所关，吾主是邑，忍使吾民被灾困乎？有祸吾当任之。"祷益力，精神遂难复原。时禁屠宰，蔬素半月余，胃气亦受伤。九月，汤溪土匪滋事，即获巨魁数十人，当局推讯久不决，舆论纷然。府君曰："杀之便！已获者孩提不可宥，挂误者一人不必问。"或援府君论天台民变案以比例曰："两案相似，一曰杀，一曰无杀，其有说乎？"府君曰："余论案以曲直主之。天台之案曲在官，致动公愤，官军进剿，民情冤苦益无可控诉，必以死力抗。台属民故犷悍，奸黠者煽之，将成大变。案情既不应杀，即以不杀了之。汤溪匪首已获，众已解散，无激变之虑，若辗转研讯，必多株连，反多不便。且匪首定祖墓有王气之谣，又已伪立国号，置旗帜，铸印章，购火器。所获匪徒身皆佩印，皆有伪将帅名目，谋叛实据皆在，何必反复录供？匪首虽在襁褓，不知情，从而释之，后之奸究万一援大难不死之说，以实真命之言，摇惑人心，揭竿而起，金、衢、严之民能不受其荼毒乎？故曰杀之便。"府君断案、平情论事，即此可以概见。十一月，不孝鼎落第南返，自常州至兰溪。府君赋雪诗，命不孝等踵和，不合意，数令改削。府君每为诗文，默坐片时，振笔立书，或数千言。因语不孝等曰："人惑疑予捷才，其实皆腹稿锤炼出之，一字不当意不轻落纸也。"如是数十年，心日益密，思日益速，然仍不肯苟且。乃指不孝鼎诗疵句，为点窜之。曾几何时，独存不孝等泣血濡笔志府君之遗行也，创深痛巨，尚可言哉！

六年庚辰，五十七岁

正月，命不孝鼎入都应礼部试。三月，奉檄至鄞县任事，刻《知非斋诗续集》至八卷成，复辑二卷付梓。夏，不孝鼎捷南宫，殿试二甲，由进士入选，改翰林院庶吉士，充国史馆协修。府君闻信后，即驰谕诫勉，谓："国恩祖德不可不竭力图报，诗赋虽功令所在，宜体朝廷养士之心，探索经史，考证掌故，为将来有用之才。不可妄慕清高，更不可妄事干谒，得失之数听于天，谬悠之口听于人，据理而行，勤慎自守。汝初入仕途，切宜戒之。"后不孝鼎请假至宁波，适闻彭宫保玉麟以府君才学兼优，将具折入奏。府君诏不孝鼎等曰："吾老矣，不愿复为世用。特以负累多，不容遽罢，一二年后或可一洗积累，吾亦从此逝矣。汝能力学耐贫，庶可少建事业，遂吾未行之志，吾愿毕矣。"府君自庚申之乱至今二十年，运之蹇阨，人之奸险，无不备尝。方视不孝鼎成立，心少慰乃归，未数月遽弃不孝等而长逝也。呜呼，痛哉！

府君以七月得脾泄症，八月转痢疾，九月少愈。鄞县为海疆重地，每有中外交涉事件，复值海防吃紧之时，府君少痊即出理事，日决狱，夜阅文牍至三鼓，于是精神皆亏。十一月，鄞县试士，府君扶病入贡院，终日校文不少息。因文无佳者，拟作以示诸童。不孝鼎日侍府君侧，见府君皆勉力支持，不谓出场，未十日即复病而竟至不起也，呜呼痛哉！十一月二十八日脾泄复作，未十日又转痢疾，自是即不进饮食，存神元，默绝语言呻吟。有问疾者，但微答之。见不孝等夜间不寝，每令就卧室，且命之食。十二月十三日三鼓，闻邻舍有勃谿声，徐曰："人能和平即是福也。"命不孝鼎出解之。不孝等窃见府君精神尚爽，犹望病或轻减。延至十四日饭后，复命不孝等扶起，坐且问日次何时，乃旋即痰涌，竟弃不孝等而长逝矣。呜呼痛哉！府君遇不孝等素慈爱，凡不孝鼎、鼐文章学业，皆府君教育成之。至于不孝等疾痛苟瘁，无一日不廑于怀，病在垂危犹顾及不孝等眠食之微；而不孝等生不能分旦夕之忧，病不能广求医药，以致府君床席缠绵，日重一日，至于数月之久，卒不能起。此皆不孝等罪不可逭，罹此惨凶，縻骨碎肌无补万一，足蹈天蹐地，偷息人间，尚何言哉？府君体素强，自辛酉得痔疾始损元气，壬申伯父君山公卒，始见衰飒之容，甲戌丁王母忧而气体大弱，乙亥以后终岁无怡色，遇王父母忌辰必痛哭失声，遂至日衰一日。又复致力民事，不遑寝食，以至一病不起，不可医治，呜呼痛哉！十二月初符君病亟时，尚据枕作复唐作舟先生书，字遒炼不懈。府君书学兰亭，用笔不少苟，无论起草皆楷书。不孝等方以此为寿征，岂知益因此耗失精神耶！呜呼痛哉！府君仕浙三十年，六任县事，三委发审，深仁厚泽，民无不沾其惠。不孝等每见治案，讼者退无窃议，无怨色，观者必颂神明。呜呼！以府君之学之才，仅得以理民见长，又复垂至白首始一见知于时，天道茫茫，又何在哉？府君无嗜好，治事之外以吟咏著述为事，庚申以前所著书皆毁于兵，庚申后著《大学古本释》一卷，《平浙纪略》十六卷，《知非斋经义》一卷，《知非斋诗初集》一卷，《续集》十卷，《百尺楼词》一卷，皆府君手订定。《知非斋骈文》二卷、《散文》二卷，尚未编次。《知非斋经义》《知非斋诗初续集》《平浙纪略》已刊行，馀尚待梓。不孝等在衰绖之中，言无伦次，终不敢以虚词上诬先人，伏祈大人先生览而矜之，赐之传志，俾府君德行文章政事不致泯没无闻，世世子孙感且不朽。

不孝孤子鼎、鼏、鞱泣血谨状。赐进士出身、诰授荣禄大夫、兵部尚书、都察院左都御史、总督陕甘等处地方加三级、年愚弟谭钟麟顿首拜填讳。

197

附录四　陈范年谱

1860 年,1 岁

2 月 6 日(咸丰十年正月十五日),出生于浙江省湖州府安吉县衙署。同年秋,父亲陈钟英调任衢州,陈范等随迁衢州。

1864 年,5 岁

秋,陈钟英调到德清办理米捐,陈范等随迁德清。

1866 年,7 岁

6 月(同治五年五月),随母亲迁居常州。

1868 年,9 岁

陈钟英在浙江帮办海塘差事,驻杭州,陈范等随迁杭州。

1869 年,10 岁

12 月到 1870 年 1 月(同治八年十一月),弟陈韬生于杭州。

1870 年,11 岁

陈范开始学习写诗。所存世的习作有两首,一为《梅花》,一为《牡丹》,二诗颇得父亲陈钟英赞赏。

1873 年,14 岁

随祖母居嘉兴。

1875 年,16 岁

至杭州父亲官署中读书,父亲"口授指画,昕夕不辍"。秋,陈鼎、陈范一同入都应顺天试,未考中。

1876 年,17 岁

与长兄陈鼎一同参加乡试,陈鼎中举人,陈范未考中。

1877 年,18 岁

与袁氏结婚。袁氏(1858—1889)为江苏阳湖(今常州市)人,字幼菡,其父袁绩庆曾任浙江省泰顺县、桐乡县知县。陈范与袁氏共生二子一女。

1879 年,20 岁

应顺天试,未考中。

1880 年,21 岁

陈鼎中进士,改翰林院庶吉士,充国史馆协修。

1881 年,22 岁

1 月 15 日(光绪六年十二月十四日),父亲陈钟英在兰溪去世。

1883 年,24 岁

长女撷芬出生。

1889 年,30 岁

4 月(夏历三月),妻袁氏病逝。

秋,参加顺天乡试,中式己丑恩科第二十名举人。

1890 年,31 岁

春,参加会试,未中。同年 4 月,以海防例捐知县分缺先选用,分籤掣江西广信府铅山县知县缺。

6 月 20 日(光绪十六年五月四日),正式被授铅山县知县。

1891 年,32 岁

2 月,到江西铅山县就任知县。

是年,续娶庄芙笙为妻。庄氏为江苏武进(今常州市)人,陈范好友江西典史庄宝澍之女。陈范与庄芙笙生有一女,即陈信芳。

1893 年,34 岁

夏,因铅山久旱,陈范偕当地官绅,在石井庵求雨。

1894 年,35 岁

4 月,庄芙笙患病,吐血胃痛,陈范为此向上海北市丝业会馆筹赈公所捐款一百元,以祈求妻病速愈。

约 8 月初,庄芙笙病逝。

是年,陈范因打击当地哥老会势力有功,受到江西巡抚褒奖。德馨就此奏请朝廷给陈范以直隶州知州在任补用,朝廷未准。

1895 年,36 岁

是年,铅山士绅有感于陈范的亲民作为,为他在鹅湖书院的四贤祠附设生位,享受地方士人的崇敬。

1896 年,37 岁

2 月 24 日(光绪二十二年正月十二日),因江西巡抚德寿举劾,上谕称陈范"夤缘贪酷,声名甚劣",着即行革职。当地官绅纷纷为陈范鸣不平,多人设宴为其饯行。陈范回到家乡常州。

6 月 26 日,沪上文人胡璋以其日籍妻子生驹悦的名义在日本领事馆注册,创办发行《苏报》,馆址设在上海公共租界四马路(福州路)。

1897 年,38 岁

在家乡常州闲居。其间曾经整理母亲赵氏的遗墨。

1898 年,39 岁

5 月 31 日,在谭嗣同、张謇、黄遵宪等人的资助下,上海电报局总办经元善在上海城南高昌庙桂墅里正式成立近代中国第一所女学堂——经正女学(后改为"中国女学堂")。

6 月 11 日,朝廷颁布变法诏书,光绪皇帝任用康有为等实施变法维新。

7 月,中国女学会创办的近代中国第一份女子报刊《女学报》发行。

8 月 30 日,陈范在上海《游戏报》发表一篇短文,题为《捕虎说》,以寓言的文体表达对变法的观点。

9 月 21 日,慈禧太后发动政变,镇压维新派。光绪皇帝被软禁,康有为、梁启超逃亡海外。

10 月 3 日,陈范接办《苏报》。

1899 年,40 岁

1 月,慈禧太后立溥儁为皇储,准备废光绪帝。上海电报局经元善联合 1231 人发出反对废立的电报,经元善遭到清政府通缉,逃往澳门。

冬,陈撷芬创办《女报》,该报接续 1898 年 7 月中国女学会创办的《女学报》。出四期,即停刊。

1900 年,41 岁

年初,长兄、翰林院编修陈鼎因戊戌变法期间签注冯桂芬《校邠庐抗议》获罪,清廷密旨将其在京监禁,后又将其送回原籍。三年后虽然遇赦获释,但不久即去世。

1901 年,42 岁

5 月,蔡元培来上海,应邀短暂代理澄衷学堂监督之职。

6 月 7 日,蔡元培曾前往苏报馆,拜访陈范。因长兄陈鼎是蔡元培参加 1889 年恩科考试时浙江乡试的副考官,与陈家有世交,故蔡元培称陈范为"世叔"。

9 月,蔡元培被聘为南洋公学特班总教习,此后蔡元培开始常住上海,并且成为上海新派人士的核心人物。

1902 年,43 岁

4 月,蔡元培、章炳麟与叶浩合(叶瀚)、蒋观石(蒋智山)等人组织"中国教育会"。陈范为成员之一。

5 月 8 日,陈撷芬主持的《女报》复出,苏报馆代为发行。

18 日,上海女学会在登贤里蔡元培寓所举行第一次聚会,陈范和女儿陈撷芬及两名妾参加。上海女学会正式成立。陈范在此次聚会上发表演说。

10 月 24 日,爱国女学成立。

11 月 5 日,南洋公学发生"墨水瓶风波",部分学生罢学离校;20 日,爱国学社成立。

是年,经陈范介绍,章士钊结识吴君遂(宝初)。

1903 年,44 岁

2 月 27 日,《女报》改称《女学报》。

4 月,南京江南陆师学堂发生退学风潮,章士钊等率陆师学堂全体学生 40 余人等加入爱国学社。

5月27日,《苏报》聘请章士钊为主笔;《苏报》发表邹容《〈革命军〉自序》。

6月20日,两江总督魏光焘电陈查禁上海爱国会演说,经外务部恭呈御览,奉旨饬将此等败类严密查拿,随时惩办,当即钦遵查禁拿办。

6月21日,外务部据魏电下旨给沿江沿海各省督抚:"似此猖狂悖谬,形同叛逆,将为风俗人心之害。着沿海沿江各督抚,务将此等败类严密查拿,随时惩办。"

6月30日,章太炎在爱国学社被捕,苏报案发生。

本月,邹容《革命军》、章炳麟《驳康有为论革命书》出版。

7月1日,邹容投案自首。

7月3日,陈范携陈撷芬乘船逃亡日本。

7月7日,苏报馆被查封,《苏报》停刊。

7月8日,陈范等抵达日本神户。

7月11日,陈范等来到大阪。在大阪逗留近一周的时间里,陈范曾经参观正在大阪举办的世界博览会。之后离开大阪,前往横滨。在横滨期间,曾拜访其时正在横滨的孙中山。不久,又前往东京。

7月15日,苏报案第一次审讯,会审公廨提审章太炎、邹容、程吉甫、钱允生、陈仲彝、龙积之六人。

7月19日,上海道台袁树勋照会日本驻沪总领事小田切万寿之助,要求小田切电告本国政府协助捉拿陈范,交给中国政府严惩。在接到照会的当日,小田切照复袁树勋,以国际间无此惯例为由,委婉拒绝了袁树勋的要求。

7月23日,袁树勋又照会小田切,再次请求小田切引渡陈范,并请其电告本国政府,予以协助;当日,清政府外务部侍郎联芳当天曾拜访日本驻华公使内田康哉,要求引渡已经逃往日本的陈范。之后,内田致电日本外务大臣小村寿太郎,建议如果陈范确实已逃往日本,为避免可能引起的各种麻烦,应该将陈范驱逐出日本。

7月24日,小田切回复上海道台,重申协助捉拿陈范一事,应遵照国际间的相关约章办理。

7月31日,与唐才常等共同领导自立军起义的沈荩在北京被慈禧太后下令杖毙。

　　8月2日,英国《泰晤士报》即以《反改革运动》为题,报道沈荩案。

　　8月4日,英国皇家法律官员就苏报案问题提出法律报告,从法律角度提出拒绝交出苏报案被关押者的理由。

　　8月5日,英国首相在下院宣布内阁关于苏报案的决定,拒绝交出苏报案被关押者。

　　10月3日,北京公使团会议,讨论苏报案问题。

　　10月14日,北京公使团会议,再次讨论苏报案问题。除俄、德表示反对,荷兰未表态,葡萄牙、韩国未出席外,其余各国均与英国保持一致,反对交出苏报案被关押者。

　　12月3、4、5、7日,苏报案第三次开庭审讯。

1904年,45岁

　　5月21日,苏报案正式宣判。

　　11月,陈撷芬主持的《女学报》第四期在东京发行,上海《国民日日报》代为国内发行。

1905年,46岁

　　春,陈范由日本前往香港,协助陈少白办《中国日报》。不久,即回上海。

　　4月3日,邹容瘐死狱中。

　　夏,端方在上海的密探得知陈范回沪,以琐事为借口,向会审公廨控告陈范,陈范因此被关押狱中一年有余。

1906年,47岁

　　6月29日,章太炎刑满出狱。

　　秋,陈范被保释出狱。出狱后,陈范不敢在沪居留,离沪赴浙江温州一带躲避一年有余。

1907年,48岁

　　秋冬之际,在生活困顿无着落的情况下,陈范前往长沙,依附时任醴陵县令的妹婿汪文溥。

1908年,49岁

　　汪文溥因庇护革命党被免职,离开醴陵,赴长沙。陈范移醴陵南华宫,以"文事自遣"。与本地文人史采崖等时有交往。

1909 年,50 岁

7月,前往长沙,再次投奔汪文溥,携小女儿陈信芳相伴。

1910 年,51 岁

夏,在患重病,卧床百余日,秋,始痊愈。

1911 年,52 岁

春夏间回醴陵;由傅尃介绍加入南社。

10月10日,武昌起义爆发。

1912 年,53 岁

1月1日,中华民国成立。

2月,陈范由湖南返沪,女儿陈撷芬亦由美返沪,与陈范团聚。

4月11日,正式加入南社。

6月初,由南社社员仇亮推荐,陈范赴北京,任《民主报》编辑。汪文溥作诗《满江红　送蜕庵北征》相送。仅一月,与《民主报》主编景耀月相处不洽(一说"水土不服"),离京返沪。

秋,陈撷芬离沪,赴重庆。

1913 年,54 岁

5月15日,在沪西宝安里的居所去世。

1937 年

2月18日,南京国民政府颁布《国民政府令》(民国二十六年二月十八日),表彰陈范之革命功绩。

参考资料

一、著作

1. 史和、姚福申、叶翠娣编《中国近代报刊名录》，福建人民出版社 1991 年版。

2. 丁守和编《辛亥革命时期期刊介绍》（第一、二集），人民出版社 1982 年版。

3. 熊月之主编《上海通史·晚清政治》，上海人民出版社 1999 年版。

4. 中国人民政治协商会议全国委员会文史资料研究委员会编《辛亥革命回忆录》（第四集），文史资料出版社 1981 年版。

5. 戈公振：《中国报学史》，生活·读书·新知三联书店出版 1955 年版。

6. 台北市四川同乡会四川丛书编辑委员会编《邹容及其革命军》，台北市四川同乡会印行，1977 年。

7. 朱庆葆、牛力：《邹容、陈天华评传》，南京大学出版社 2006 年版。

8. 汤志钧编《章太炎年谱长编（1868—1918）》，中华书局 1979 年版。

9. 汤志钧编《章太炎政论选集》，中华书局 1977 年版。

10. 杨天石、王学庄编《拒俄运动》，中国社会科学出版社 1979 年版。

11. 陈旭麓：《邹容与陈天华的思想》，上海人民出版社 1957 年版。

12. 周永林编《邹容文集》，重庆出版社 1983 年版。

13. 周佳荣：《苏报与清末政治思潮》，昭明出版有限公司（香港）1979 年版。

14. 金冲及、胡绳武：《辛亥革命史稿》，上海人民出版社 1980 年版。

15. 重庆市《邹容传》编写组：《邹容传》，1978 年。

16. 章太炎：《章太炎先生自定年谱》，上海书店 1986 年版。

17. 谢樱宁：《章太炎年谱拾遗》，中国社会科学出版社 1987 年版。

18. 冯自由：《革命逸史》初集，中华书局 1986 年版。

19. 冯自由：《革命逸史》（二），中华书局 1981 年版。

20. 《汪穰卿遗著》第 1 册，1920 年版。

21. 《苏报案纪事》，1903 年刊印。

22. 包天笑：《钏影楼回忆录》，（香港）大华出版社 1971 年版。

23. 王敏：《苏报案研究》，上海人民出版社 2010 年版。

24. 徐中煜：《清末新闻、出版案件研究 1900—1911——以"苏报案"为中心》，上海古籍出版社 2010 年版。

25. 叶舟点校：《庄宝澍日记》，常州图书馆编《晚清常州名贤日记四种》，凤凰出版社 2013 年版。

26. 王敏编校《陈范集》，上海古籍出版社 2021 年版。

27. 桑兵：《清末新知识界的社团与活动》，北京师范大学出版社 2014 年版。

28. 熊治祁编《湖南人物年谱》4，湖南人民出版社 2013 年版。

29. 《上海新闻志》编纂委员会编《上海新闻志》，上海社会科学院出版社 2000 年版。

二、档案

1. 上海图书馆编《盛宣怀档案选编》，上海世纪出版股份有限公司、上海古籍出版社 2014 年版。

2. 日本外务省苏报案档案，亚洲历史资料中心网站。

三、报刊

《申报》《新闻报》《字林沪报》《中外日报》《游戏报》《女学报》。